Italia Responsabilita´ 1.0

Paolo Dealberti

Verkauft durch Jewir- Deutschland

Printed in the United States of America

Copyright © 2015 Paolo Dealberti

ISBN: : 978-1516997145
ISBN-13: 151699714X

Alla gattina Lady ed al suo amico, il gattino Schwarz

PROJECT EDITING ON DEMAND:OVVERO UNA DOPPIA SOSTENIBILITA´

Tutti i libri pubblicati in questa dimensione editoriale fanno parte del Project Editing On Demand,(PEOD).

PEOD e´finalizzato ad ottenere una duplice sostenibilia´agendo sia nell´Ecosistema Ambientale che in quello Sociale

Sostenibilita´1: Ecosistema Ambientale

La sostenibilità si ottiene mediante le seguenti azioni concrete:

a) La vendita solo mediante Amazon e canali correlati al fine di evitare la creazione di Co2 con la movimentazione nei canali intermedi della filiera di vendita editoriale, (distributori e librerie)
b) Una innovativa strutturazione del layout del libro che consente di risparmiare la carta evitando inutili pagine bianche tra le varie parti del libro
c) E-books, (da settembre), con un layout che sia in grado di soddisfare la cacofonia di hardware, (i differenti formati dei monitor), e software, (i differenti sistemi operativi)

Sostenibilita´2: Ecosistema Sociale

La sostenibilità questo caso è finalizzata a conseguire una vera fruibilita´democratica dei libri abbattendo la barriera d´ingresso del costo.

Il tutto mediante due azioni concrete:

a) La vendita online consente di ottenere una filiera corta distributiva che ha anche il beneficio di ridurre il prezzo finale by-passando la distribuzione tradizionale. Nel pratico si vende ad un prezzo in media inferiore di almeno il 50% abbattendo la barriera di ingresso del costo
b) La concessione della riproduzione per fini non commerciali avviene sotto la regolamentazione della normativa più democratica esistente al mondo per quanto riguarda l´utilizzo

delle opere di ingegno.
Una normativa che da un lato tutela chi le ha create e dall´altro
e contemporaneamente non limita la loro diffusione/utilizzo in
altri contesti. Pertanto tutti i testi sono da considerarsi sotto il
regime del Copyright Fair Use vigente nella normativa degli
USA

Se da un lato è giusto in un´ottica privatistica/singolo che chi
abbia delle idee ci guadagni essendo il frutto del suo ingegno
dall´altro è non meno giusto in un´ottica pubblica/collettiva che
questo guadagno non si tramuti ne´ in una barriera economica
di accesso ne´tantomeno in un consumo dell´ambiente.

Del proprio ingegno si deve sia guadagnare che condividere il
più possibile.
PEOD dimostra con la logica del business che questo e 'possibile
... solo a volerlo !

Tutti i libri di Paolo Dealberti sono catalogati presso la Biblioteca del Congresso degli Stati Uniti d´America. Dello stesso autore per i tipi di Jewir ed in vendita in Amazon per consentire sia un prezzo democratico che il minimo impatto ambientale possibile.

Romanzi

La Saga degli Speculari:

- *Etnia Avatar*
- *Obbiettivo: Fermare Obama*
- *Humanpolitics*

Di prossima pubblicazione de La Saga degli Speculari:

- *Grecia: debito 2.0*
- *Utopia Reale*

Saggi:

In Italiano:

- *Governi Pubblici Vs. Governi Non Statali. La vera guerra che attraversa il mondo*
  - *Italia:Responsabilita´ 1.0*

In Inglese:

- *Legitimacy*
- *State Actors Vs. Not State Actors, (2 volumes)*

Di prossima pubblicazione:

- *Cantiere Italia:idee di successo dal mondo*
- *AK 47: Noi Vs. Noi (vincere contro il terrorismo e perdere contro il terrore)*
- *Prosumerzen, Life style 2.0*
- *Prosumerzen, idee sostenibili*
- *Pulsazioni del Mondo: cultura, Life style, geopolitica, geoeconomia*

*Potete seguirlo presso **www.appealpower.com***

INDICE

RINGRAZIAMENTI

Un ringraziamento particolare va alle persone senza il cui aiuto non sarebbe stato possibile scrivere questo libro.

Elisa Padoan *Direttrice Editoriale di Reteconomy*
Deaborah,Paola,Emanuale,Matheus,Egler,Isabella e tutto il team di Reteconomy
Enrico Anghilante *Editore de IlNazionale*
Piercarlo Ceccarelli   *Fondatore e Presidente di Ceccarelli PIMS & Associati*
Theresa O´Connell *Worldwide Executive Vice President R&D Verizon.*
Robert Fischer, legale internazionale in München
La mia famiglie Italiana,Tedesca e Bulgara per il loro affetto indispensabile.
Paolo,Shigenobu,Carlo e Julius come carissimi amici

51 anni di irresponsabilita´Etica...

*E´il momento di inziare un dibattito partendo dal reale ,
dal bicchiere mezzo pieno che ci ostiniamo a non voler
vedere. Ovvero dalla responsabilita´verso gli altri come
condizione preliminare e fondamentale per garantire un
futuro sostenibile a noi stessi*

Anno XVII della Prima Repubblica:1963.

In quell´anno usci´ un cammeo di Dino Risi, „Le mani
sulla citta´“. Un capolavoro neo-realista che raccontava
un´Italia che nel 1963 era cosi´simile a quella del
2014,(Anno XII della Seconda Repubblica od Anno 0 della
Terza?),da rendere impossibile ogni distinzione.

Il film descriveva l´Italia che nel 1963 era la risultante di
(almeno) un decennio di eventi precedenti. Ovvero i
mitici „anni d´oro“ del dopoguerra che una mitologia del
passato, che ci siamo creati a nostro uso e consumo,
definiscono come quelli in cui non vi era spazio per il
malcostume perche´una spinta culturale ed emozionale
comune faceva si´ che tutti lavorassero al meglio per il
bene collettivo.

Risi ci dimostra che quel passato non e´mai esistito se
non nel un rassicurante mito che ci siamo creati.

E´una difesa naturale dal punto di vista culturale quella di
parlare di „ere d´oro“ del passato che non sono mai
esistite sia come anticorpo psicologico di fronte al
degrado del presente che come pre-condizione per
legittimare uno tra i tanti possibili futuri.

Stiamo parlando di 51 anni in cui una lunga linea rossa ha
attraversato due Repubbliche per giungere all´attuale
Terza in via di conclusione. Una lunga linea rossa di

3

scandali che definisce il frame di un modo di essere al di la´delle stagioni politiche.

Alcuni esempi come lo scandalo Lockheed nel 1976 o la Questione Morale che uno statista di prim´ordine come Berlinguer menziono´nel 1981 ne sono la triste conferma.

Poi Mani Pulite ... fino a giungere alle cronache dei nostri giorni aspettando quelle dei prossimi giorni.

Ed ecco perche´intitoliamo questa rubrica settimanale „Italia,Responsabilita´1.0".

Non perche´pensiamo che siamo noi i maitre a penser , i trend setters ma molto piu´semplicemente e tristemente per evidenziare che un´era della responsabilita´collettiva non sia mai esistita negli ultimi 51 anni,(e,per evitare fraintendimenti, meno che mai durante il fascismo...).

Il tutto sembra dilatarsi nel tempo ma alla fine ci si accorge di ri-vedere la versione a colori del film di Risi.

Il punto chiave e´la perdurante mancanza di Etica e l´Etica non ha colore e nemmeno un campanile Non e´di destra o di sinistra ma neanche laica o credente.

L´Etica e´Etica e basta

Un concetto semplice e di facile assimilazione.

Si tratta,quindi,di andare oltre le vuote parole degli editoriali, dei libri o dei talk-show come pure ben oltre le operazioni di immagine che celebrano un ethic commitment aziendale „pieno" di parole ma „vuoto" nei fatti

4

Viviamo in tempi dove l´apertura e´sempre meno vista come un´"occasione" e sempre piu´come un „rischio".

E questo perche´si vive in un costante stato di incertezza che porta ad un´inscurezza frenante.

Frenante perche´il perdurare di quest´incertezza genera un´impotenza vissuta come se fosse la normalita´.

Una normalita´che ci porta ad auto-limitare la percezione di quello che e´realisticamente possibile finendo col scegliere il peggiore tra i future possibili.

Ovvero,in una frase, il tutto riduce la liberta´, la volonta´di scegliere e quindi di fare.

Sfortunatamente in una dimensione senza Etica questo panico irrazionale si amplifica in un mondo che sembra alla merce di un´emergenza epocale dopo l´altra.

Emergenze che sembrano ogni volta piu´totalizzanti e quindi piu´letali fino al punto da rendere vano anche il pensare che si possa programmare per il futuro.

In un saggio in inglese scritto nel 2011,(*State Actors Vs. Not Sta Actors.: The State Actors – Vol. I*), rilevai che dal 1998 al 2011 in media ogni 23 settimane fosse accaduto qualcosa di "epocale". Una sorta di "Rubicone geopolitico" che –ascoltando le parole per descriverlo quando era in corso- avrebbe cambiato il mondo in maniera irrversibile e sempre in peggio.

Ma, se ogni 22 settimane in media il mondo vive "un´apocalissse" allora qualcosa nel nostro percepirci non funziona piu´.

E si scopre coome tutto sia pervaso da un **pessimismo irrazionale** che si autoalimenta in una sorta di teologia della paura strutturata in almeno 11 dialettiche,(dal clima al terrorismo e si rimanda a quanto stiamo dicendo in "Pulsazioni del Mondo su "Reteconomy SKY 516, http://www.reteconomy.it/programmi/pulsazioni-del-mondo.aspx).

Una metastasi che ci schiaccia nel presente convinti che il futuro sia perso.

Ed a questo punto e´bene analizzare queste emergenze epocali sopracitate tenendo presente le parole del Bilan Strategique 2010 di Le Monde/IISS.

Il Bilan Geostrategique 2010 edito da Le Monde / International Institute of Strategic Studies iniziava dicendo che ogni epoca ha la sua teoria che spiega tutto e poi ci sono le mode geopolitiche del momento.

Sembra che viviamo in un mondo dove le mode diventano teorie.

E le teorie,purche´rigorosamente catastrofali,divengono certezze.

Nel saggio avevo stilato questa lista di „**eventi epocali senza ritorno**" e leggendola scopriamo che se si considera il breve lasso di tempo tra il 1987 ed il 2010 abbiamo avuto 19 crisi epocali,(ovvero sarebbe come dire in media una ogni 22 settimane ed ovviamente ogni crisi aveva ed ha la sua teoria ed un mondo nuovo e definitivo da descrivere). Facciamo un breve riassunto :

1987 crisi delle borse in ottobre

1990 implosione del Giappone

1994/5 crisi del debito Messicano

1997 crisi finanziaria Asiatica

1998 crisi del debito Russo

1998 collasso dell´hedge fund TLCM

1999 crisi del debito Brasiliano

1999 Guerra della NATO contro la Yugoslavia che sancisce l´intervento armato umanitario come limitante la sovranità di una Nazione

1999 Millenium Bug ...

2000 crash borsistico del Web 1.0

2001 ...9/11

2001 crisi del debito della Turchia e dell´Argentina

2001 guerra in Afganistan

2003 guerra in Irak

2003 estate torridissima con incendi ,centinaia di morti per il caldo ed esplosione mediatica sulla fine del mondo per cause ambientali

2006 Pandemia 1

2008 9/15 e crisi finanziaria USA

2009 Pandemia 2

2009 crisi finanziaria

2010 la Cina ha il suo primo deficit commerciale e si inizia a parlare di un mondo post – Cina ... per inciso senza che si sia mai creato quello" China controlled"

Se ogni 22 settimane il mondo si riscrive qualcosa non funziona.

Forse si e´perso il senso dell´equilibrio a causa della metastasi del pessimismo irrazionale che pervade le nostre vite.

E´giunto il punto di fermarci per capire che bisogna andare oltre il twit, il post od il breaking news di un mondo iperobeso di informazioni dove deleghiamo le nostre capacita´cognitive ad un smartphone dimenticando che non e´l´informazione ma bensi´la comprensione che genera potere.

Per ricordarci che oltre il breve termine di un editoriale,(che,come dicono gli Inglesi, il giorno dopo e´utilisssimo per incartare fish&chips), esiste sempre e comunque il medio e lungo tempo degli uomini e delle cose come scriveva uno dei piu´grandi storici del XX,Fernand Braduel.

Ed e´in questa dimensione che possiamo iniziare a vedere le stesse cose in modo diverso anche se realistico.

Che il bicchiere da mezzo vuoto si trasforma in mezzo pieno.

E questo solo e semplicemente perche´si inizia a **debellare la metastasi del pessimismo irrazionale con gli anticorpi dell´ottimisimo della ragione.**

Un ottimismo basato sul coraggio della normalita´,ovvero del ritrovare noi stessi e le energie che teniamo sopite come un seme sotto la neve.

Un ottimismo che ci permette di vedere le cose come sono e di agire.

In Italia,sfortunatamente, sono in pochi quelli che anziche´parlare in termini di slogans da social network dicono con la necessaria profondita´culturale e pratica.

Il „parlare" e´sinonimo di "aria fritta" mentre il „dire" lo e´di concretezza.

Indubbiamente tra di essi spicca Piercarlo Ceccarelli che da anni ci dice che esiste l´**ottimismo della ragione** come anticorpo culturale per uscire dalla crisi.

Per fare abbiamo bisogno di un mutamento culturale che inizi ad immunizzarci con gli anti-corpi dell´ottimismo della ragione e solo allora riusciremo a debellare la paura irrazionale che ci frena.

E´il momento di inziare un dibattito partendo dal reale , dal bicchiere mezzo pieno che ci ostiniamo a non voler vedere. Ovvero dalla responsabilita´verso gli altri come condizione preliminare e fondamentale per garantire un futuro sostenibile a noi stessi.

Paolo Dealberti ©2014

(e´consentita la riproduzione integrale non a fini commerciali a patto che venga menzionata la fonte con un hyperlink attivo e l´autore)

Taglia qui´,taglia la´ma non il tesoretto.

Concretamente; se gli aiuti dati alle banche fossero stati dati direttamente ai cittaidni: ogni cittadino USA avrebbe percepito 6.000 US$,ogni cittadino EU 3.000€-(se 80€ cambiano la vita cosa fanno 3.000?),ogni cittadino UK oltre ai 3.000€ come cittadino EU anche 6.000 sterline per il denaro dato da London alle banche Britanniche.

Su Foreign Affairs un´approfonidta analisi ricorda quanto disse il Nobel Friedman:"usate gli elicotteri per dare il denaro direttamente al popolo nelle strade".

Concretamente; se gli aiuti dati alle banche fossero stati dati direttamente ai cittaidni:

- ogni cittadino USA avrebbe percepito 6.000 US$

-ogni cittadino EU 3.000€,(se 80€ cambiano la vita ...cosa fanno 3.000?)

-ogni cittadino UK oltre ai 3.000€ come cittadino EU anche 6.000 sterline per il denaro dato da London alle banche Britanniche.

Se questo fosse avvenuto le banche non sarebbero esplose come tanti Guru con ironica saccenza ci evidenziano e non lo sarebbero per due „semiplci" motivi:

a) questo denaro si sarebbe trasferito in spese dei Cittadini, ovvero in domanda stimolante le economie

b) le Banche Centrali avrebbero senza problemi „collateralizzato" i crediti spazzatura delle banche, come fatto poche settimane fa da Draghi.

Denaro da darsi direttamente al popolo dice il Foreign Council di New York,(per inciso uno dei luoghi del male citati regolarmente dai Guru della „complottologia degli Gnomi" che abbondano in giro),citando un economista neo-liberale... dovrebbe far pensare tanti „*Anti-di professione*" con ricco conto corrente nostrani e far riflettere noi che ci facciamo abbindolare da questi Guru.

Un sano stimolo di ottimismo della ragione quello che viene da New York.

Questo paese potrebbe essere il 1. al mondo ad avere un Fondo Sovrano da circa un triliardo di euro,(e quindi il piu´grande al mondo dato che quello Norvegese con poco piu´di 600 miliardi di euro e´il numero uno),basato sul valore delle proprie ricchezze naturali ed artistiche,(il 3. Paese al mondo per numero di World Heritage UNESCO).

Pertanto e´geniale quello che ha fatto DellaValle per il Colosseo ma ,ed anche,non meno utile quello che fa FCA quotando la Ferrari,(ovvero la brand con il piu´elevato appeal power al mondo).

Ma non accade e nessuno ne parla.

Farlo farebbe saltare troppe posizioni ad elevate 3P, (potere,presitigio,pecunia),di troppi autoreferenziati, (burocrazie, intellighentia),Tutti-partisan e quindi... .

Ma andiamo avanti... taglia qui´...taglia la´... .

Se si taglia qui´,allora qui´si levano gli scudi e la´si accusa di egoismo sociale.

Se si taglia lá, allora la´si levano gli scudi e qui´si accusa di egoismo sociale.

Poi ci si ritrova nel talk-show raffinato,nel convegno colto o si pubblica da Guru competente,(e col papa´/mamma giusta per trovare l´editore serio per l´opera prima a viatico di una brillante carriera),e tutto finisce nel nulla. Come al solito tanto e´sempre colpa dei cattivoni complottari di turno di Brussels,Washington, Jerusalem, London,Ryhad … .

Il tragico e´che non si risolve nulla.

Il problema NON e´tanto il „tagliare" MA come il tutto venga sempre e volutamente impostato per evitare che si arrivi a qualcosa.

Un dato certo da tenere sullo sfondo in un´agora politica dove una prestigiosissima leader,che qualcuno definí´essere piu´intelligente che bella, accusa che troppe donne siano state scelte per il fatto di essere piu´belle che intelligenti. Un problema ,quello della cronica inconsistenza dei politici, comune a tutta la EU come vedremo.

Il punto chiave e´il non voluto controllo della spesa.

Alcuni esempi.

Perche´Cuneo e´un´eccellenza ospedaliera al punto che ci vengono da altre provincie e regioni mentre in quelle stesse provincie e regioni il locale personale ospedaliero ed i locali sindacalisti deridono i colleghi Cuneesi definendoli „Formichine".

Logico,a questo punto,premiare Cuneo togliendo a quelle strutture dei fondi in funzione di quanti tra i loro pazienti preferiscano l´ASL Cuneese.

Ma farlo equivarebbe a scatenare proteste con levate di scudi con tanto di filippiche per un oltraggio alla Costituzione etc.etc.etc...cosí´nulla cambia ed a Cuneo le

„formichine" lavorano mentra altrove le „cicaline"... cicalano.

Perche´,fino a pochi anni fa, il pattugliamento delle basi militari doveva essere fatto da guardie giurate. Eravamo nella situazione ridicola di avere un esercito che sapeva proteggersi in zone di guerra ma sembrava che non sapesse organizzare una ronda di pattuglia in una caserma a Milano. Ancora e semplicemente uno spreco voluto ed interessato che ,almeno questo, e´fortunatamente finito.

Od ancora la sanita´.

Indipendentemente dalla intelligenza o dal fascino dei ministri da almeno 20 anni sembra **che sia o tecnicamente o costituzionalmente impossibile nel XXI concepire una centrale di acquisto che renda il costo di una siringa piu´"virtuoso" e soprattutto uguale in tutt´Italia.**

Ci crediamo?

Come pure per qualche arcana ragione e´impossibile „segare le gambe" in termini di carriera a chi,(primari, personale burocratico, sindacalisti, controllori politici), abbia ridotto delle ASL nelle condizioni di avere un Colonnello dei Carabinieri come Direttore Generale.ASL che poi,(*misteri alla Area 51*),riprendono a funzionare con i bilanci in ordine.

Farlo sarebbe ledere interessi Tutti-partisan e quindi non accade nulla.

Ma vi e´ancora altro e ben piu´grave per la sostenibilita´dei welfare che e´,volutamente , dimenticato da tutti:dalle Aziende Farmaceutiche alle burocrazie di Brussels e nazionali come pure dai politici Tutti-partisan di tutta la EU

Ovvero? La standardizzazione di certi prodotti indispensabili per la cura di tante patologie.

Prendiamo come esempio una delle patologie a piu´alto costo per il welfare: il diabete.

Alcuni anni fa uno dei 4 impianti al mondo producenti insulina ad azione rapida fu chiuso per alcuni mesi.

Fu detto a decine dimilioni di diabetici in tutta l´ EU di sostituire l´insulina con quella equivalente di un altro produttore.

E fino a qui nulla di male. Il problema era che le cartucce di insulina dell´altro produttore differivano per pochi millimetri di diametro da quelle del produttore che si era trovato la produzione sospesa. Questo rendeva inutilizabili gli aghi e le siringhe che dovevano essere sostituite. Il tutto costo´ai welfare dei paesi EU non meno di un miliardo di euro di costi aggiuntivi.

Il punto chiave e´che la differenza nelle dimensioni NON aveva alcuna spiegazione medica MA solo commerciale.

Ovvero le insuline del produttore Alfa non potevano essere innietate con le siringhe ed aghi del produttore Beta e viceversa. Il tutto consentiva,e consente,di creare un cartello de facto nel prezzo cosi´che abbiamo diversi monopolisti IN CONTEMPORANEA per lo stesso prodotto...
.

La stampa non ne parlo´, i Guru „Anti-di professione" non ne parlarono e non accadde nulla dato che la EU non fece tesoro dell´esperienza per obbligare i produttori ad avere uno standard unico.

La situazione si estende ad altro come i sensori e via dicendo. Non si crea uno standard e quindi si generano monopoli intra-Brand/prodotto ma non solo questo. Si liberalizza la vendita di medicinali ben piu´complessi ma si blocca quella di siringhe,aghetti o sensori con la pretestuosa scusa che essendo Made in China sarebbero pericolosi. Peccato pero´che tutto sia gia´Made in China...permettere a chi gia´produce per conto terzi di vendere anche col proprio marchio farebbe risparmiare miliardi ogni anno.

Risparmi,questi,che non inciderebbero per un centesimo sulle prestazioni che,anzi,migliorerebbero con questo denaro disponibile. Ed ovviamente questo si estende a tantissime altre patologie

Sentiamo un Guru del welfare di sinistra o di destra parlarne?

No...chiediamoci il perche´.

Ci vorrebbe una mattina a Brussels per deliberare ed una in ogni Parlamento EU per legiferare la delibera a livello nazionale e poi l´industria farmaceutica sarebbe costretta a standardizzare ma non avviene.

Gli esperti che ogni giorno ci spiegano „come il mondo gira" sembra che non lo sappiano.Ci crediamo?

Per concludere si vede bene che il problema dei tagli non sia tecnico ma politico.

E se la politica non viene fatta dai politici e ,(come abbiamo ben visto), neanche dai tecnici...?

Ed ancora ci ri-scopriamo col bicchiere mezzo pieno,ovvero con la dimensione in cui regna l´ottimisimo della ragione che e´la sola risposta culturale alla mestastasi del pessimismo,(a questo punto dimostrato fatti alla mano),irrazionale.

ENERGIA EMOZIONALE

"Stiamo imprando a governarci in tempi che ci siamo dimenticati non essere piu´difficili di altri. In fin dei conti da quando siamo nati abbiamo sempre e solo sentito la parola „crisi" associata all´Italia."

Confucio consiglio´ a chi non era in carica di non s-parlare degli affari di governo.

Per evitare di essere fraintesi questo deve essere contestualizzato in una vision della suddivisione del potere come qualla Cinese che da 28 secoli prevede non tre ma cinque poteri.

Ovvero anche la burocrazia e chi deve selezionarla.

Nel „Libro dei 3 Regni" uno dei personaggi si chiede come possa avere a sufficienza il sovrano se non ne ha il popolo.

Stiamo imparando a governarci in tempi che ci siamo dimenticati non essere piu´difficili di altri.

In fin dei conti da quando siamo nati abbiamo sempre e solo sentito la parola „crisi" associata all´Italia.

Dovrebbe fa pensare e se lo pensassimo inizieremmo a credere di piu´nella nostra energia emozionale che nelle virtu´di chi si guadagna da vivere parlando solo di crisi irreversibili.

Se spegnessimo un attimo i nostri smartphone,meglio se iniziassimo ad usare degli *idiot-phone* buoni solo per fare/ricevere telefonate potremmo scoprire che questo mondo e´solo in apparenza cosi´veloce.

Ma questa consapevolezza nulla toglie al fatto che si sia in un momento di turbolenza in cui si devono avere fatti anziche´parole.

Fatti? E cosa sono i fatti se non la percezione che le parole possano funzionare.Diciamo essere logiche e razionali.

Ma come capirlo? E´una questione di sentirsi parte di una collettivita´.

Collettivita´che consente di dare la dimensione della **SOSTENIBILITA**`del nostro legittimo desiderio di crescita.

Condizione unica della crescita e´la sostenibilita´.

Possiamo crescere solo se il confidare in noi stessi sia associato ad una coscienza sociale.

Una condizione ottenibile solo se la nostra intelligenza diviene emozionale.Emozionale per poter andare oltre la razionalita´della paura che ci blocca.

Un´intelligenza,quindi,non irrazionale ma, al contrario, culturalmente consapevole dell´ottimismo di poter partire da quello che abbiamo.

Un´ intelligenza che ci consenta di valutare i feedback sociali andando oltre la logica del confronto perche´,finalmente,ci si focalizzi sui problemi piuttosto che sulle persone.

In un paese dove secondo la UIL un milione di persone vive di politica nessuno puo´scagliare pietre o sdoganare eticamente… .

E non e´ il populismo del dire che se tutti sono colpevoli alla fine non lo sia nessuno.

Questo e´ben altro in quanto e´l´appropiarsi della coscienza collettiva di quello che siamo.

Una social awaress che si fonda con una competenza sociale unica. E´il capire le emozioni degli altri per sentire dove stiamo andando.

Collettivamente.

E´ il finirla di s-parlare per iniziare ad ascoltare ed osservare e quindi inter-agire iniziando a dire.Cioe´a proporrre soluzioni invece che di avvitarsi parlando di odio ed accusando...ovvero la liturgia della paura.

E´fare pace con noi stessi come corpo sociale.

Capire che o se ne esce insieme o non se ne esce.Ritrovarci e sentirci nuovamente GENTE,ovvero collettivita´, che non ha piu´paura del domani.

Capire che ci siamo avvitati in una metastasi perche´... perche´vedevamo gli altri come loro vedevano noi.

Ovvero:il nemico.

Arrivare a questa coscienza vuol dire sentirsi parte di un consenso che e´fatto di persone e non di stereotipi.E sono le persone che danno sostanza alle idee su cui si forma la struttura sociale.

A quel punto potremo vedere che si puo´iniziare da quello che ci unisce non al di la´ma in parallelo a quello che ci divide.

L´emozione ne e´la chiave.

Torniamo ad emozionarci,a sentirci vivi.

Ci siamo annichiliti avvitadoci in una spirale di risposte negative ed ora e´il momento di farci la sola domanda che conti.

Cosa dobbiamo fare?

Ascoltare le emozioni della nostra intelligenza collettiva.

We,the people siamo la risposta oltreche´la sola domanda che conti.Ovvero,il senso del dovere dell´ottimismo come pre-condizione alla sostenibilita´del diritto.

E`IL MOMENTO DI ASCOLTARCI

Le parole devono tornare a dire ed a smettere di s-parlare affinche´siano ragionevoli.E solo la ragionevolezza porta le cose a compimento.Prendiamo in noi l´energia emozionale che guida la ragionevolezza dell´ottimismo.Il successo come Paese arriva quando torneremo a dire insieme.

La forma si adegua alla sostanza diceva Wright e Confucio invitava a non sottovalutarla rispetto alla sostanza.

Ci indignamo per il differenziale di stipendio tra un amministratore delegato ed i suoi dipendenti ma non per quello tra l´allenatore della azionale di calcio ed i dipendenti della FIGC.

Ci si indigna per i vitalizi dei parlamentari ma non per il differenziale di stipendio tra chi lo denuncia ed i dipendenti del media in cui lavora.

Perche´?

Pensiamoci su.

Non e´forse una forma di **ipocrisia collettiva**?

Si,ed e´la conseguenza ultima quanto perversa di „Ghibellini Vs. Guelfi 2.0" degenerata grazie ad una generazione di leaders che pontifica la liturgia della paura.

Ma esiste altro, ben altro. Altro che segue l´ottimismo della ragione inteso come antidoto culturale alla metastasi del pessimismo irrazionale.

Ben oltre gli slogans del momento quest´ottimismo precede da tempo coi fatti troppe delle parole di moda oggi ed e´per questo credibile.

Le intenzioni si perdono nella paura fino a divenire inconscie. Purifichiamoci di questa paura ritrovando le nostre radici,(qualunque esse siano ed anche al costo di sentirci poi „ un po´provinciali"´).

Questo regalo ci portera´a tornare in contatto con noi stessi, ad essere degli autodidatta della vita persi nelle costrizioni di uno stato inefficace ed inefficente ma anche,e soprattutto, della nostra ansia.

Ovvero in un universo di limitazioni auto-imposte.

Iniziamo da queste dato che li´possiamo operare partendo da noi stessi. Il cambiamento vero e´un atto morale di responsabilita´.

Un atto totale che parte da noi,da dentro.Dalla consapevolezza che i problemi divengono opportunita´se si arriva ad un livello di responsabilita´che ci fa pensare in termini di sostenibilita´.

Di sostenibilita´in quanto si matura la consapevolezza che non esistono „ i nostri problemi" e quelli „degli altri" ma i problemi di tutti.

Il nostro **consenso di cittadinanza** ,se siamo consapevoli di questa sostenibilita´,diviene a questo punto memoria collettiva che va al di la´del pollaio tramutandosi in ispirazione che permette di agire. Le cosa possono anche accadere senza che se ne sia responsabili ma uscirne e´responsabilita´collettiva.

L'ottimismo di non essere soli nell'Italia che,a stento,ce la fa'e puo'farcela ancora meglio. E'nella nostra energia emozionale che troviamo la dignita'e la coscienza di non meritare l'asfisia della liturgia della paura. Si tratta di mettere in pratica cio'di cui siamo consci,ovvero che ogni istante del presente sia sempre e solo gia'futuro nelle conseguenze.

Chiediamo a noi stessi anche solo il 10% di quello che si chiede agli altri quando ci ergiamo a combattenti incorruttibili della societa'civile:

-quando „tiriamo la giacchetta" a qualcuno per una raccomandazione che per noi e'riconoscere il nostro indiscutibile merito e mentre se fatta per altri e'becero favoristimo...

-quando siamo tentati di accettare un lavoretto in nero per poi imprecare contro quel 25% di Italiani che evade...

- quando andiamo in vacanze in qualche scempio ambientale con vista mare/monti per poi indignarci per chi deturpa il pianeta...

- quando ci va bene comprare a minor prezzo „Made in XYZ" anche se sappiamo che e'altissimo il rischio che chi abbia prodotto non abbia rispettato l'ambiente e le condizioni di lavoro per poi andare in Internet e sentirci coerenti paladini della giustizia ed impegnati esponenti della er mejo-societa'civile donando 10 euro a qualche NGO...

-quando qualcuno viene a fare le pulizie, un traslsocco, un lavoretto di muratura e non ci chiediamo se la ragione del prezzo scontato „possa" anche risiedere nel fatto che „magari qualcuno" dei dipendenti presenti lavori in nero o senza permesso di soggiorno etc.etc...

Ah,ovviamente questo NON e´mai capitato a noi *super champions della er mejo societa´civile,*no?

Eh no, capita sempre agli altri beceri che rovinano il paese...ma se la finissimo con questo giochino culturale vederemo che il pollaio e le sue animosita´spariranno.

Eticamente!

Parlare e´facile... dire e´difficile. Una piccola regola di intelligenza emozionale a sostegno dell´ottimismo della ragione.

Riflettiamo su quello che abbiamo a portata di mano:un bicchiere in parte pieno.

Domandiamoci perche´, nonostante questo, **il nostro problema sia di essere un povero paese anziche´un paese povero.**

Poi...agiamo.

WAKE UP!

Governiamo verso quello che possiamo essere iniziando a correggere noi stessi finendo di fare il gioco di chi ci vuole contrapposti per nascondersi dietro il vuoto dell´auto-refenzialita´.

Le parole devono tornare a dire ed a smettere di s-parlare affinche´siano ragionevoli.

E solo la ragionevolezza porta le cose a compimento.

Prendiamo in noi l´energia emozionale che guida la ragionevolezza dell´ottimismo.

Il successo come Paese arriva quando torneremo a dire insieme.

IL BICCHIERE MEZZO PIENO

Realta´che hanno creduto,credono e crederanno in questo paese basandosi sulla logica dell´ottimismo della ragione .Ed e´ora che si vada oltre la cultura di parte,di troppe parti interessate ad auto-referenziarsi e non ad avere una cultura generale del bene comune.Gli esempi ci sono ed a tutti i livelli,(economia, politica, arte, burocrazia, societa´civile), perche´non iniziamo a concentrarsi su di loro ?Il bicchiere mezzo pieno da cui ri-partire!

Come ricordato in un precedente articolo siamo il secondo paese piu´industrializato del continente ed a questo si aggiunge che i nostri distretti industriali,(i famosi Cluster), sono qualitativamente i secondi al mondo dopo quelli di Taiwan.

E come ciliegina sulla torta constatiamo che tutto questo avvenga nonostante dieci o quindici anni di crescita (quasi) zero se non negativa.

Un miracolo ? Un´abberrazione storico-statistica? ...

Nulla di tutto questo ma „solo e semplicemente" il fatto che esista **un bicchiere mezzo pieno che continua a soppravvivere**.

Soppravvive,vive ... vivendo all´estero ovvero esportando.

Esportando in un mondo che e´divenuto sempre piu´difficile. Russia e Germania in testa ma chi ci segue su Reteconomy non ne e´sorpreso dato che, quasi in solitaria e sicuramente contro-corrente, lo si era previsto da tempo. Vengono in mente le parole del Presidente Obama quando avverti´che non si poteva vivere solo di export.

Sagge parole derise da troppi soloni persi nell´illusione di un mercato composto da una classe media mondiale di due miliardi di persone consumanti sempre e comunque.

E quindi la crisi nel paese X veniva compensata dal crescere del paese Y ... .

Ora e´il momento di pensare anche alla **domanda interna**,ovvero ad un mercato interno che esiste perche´vi e´occupazione con salari che non rendano povere le persone sebbene lavorino.

Un problema,ad esempio, ben noto in Germania dove circa quattro milioni di persone risultano statisticamente non disoccupate lavorando per 20 ore/settimana-compresa la domenica od i festivi-e senza copertura pensionistica e mutualistica per 450€ al mese,(ovvero a **5.62€/ora**).

Sono i **mitologici mini-job** cosi´cari a tutti i sindacalisti ed a tanti politici Italiani come la soluzione derivata dal modello Tedesco.

Quattro milioni di persone che rendono sicuramente piu´competitivo il Made in Germany e che non sono solo occupate in „lavori umili".

Avere un ottimismo basato sulla ragione per dare libero sfogo alla nostra intelligenza emozionale. Lo abbiamo scritto tante volte ed indubbimante puo´sembrare un bello slogan da cioccolatino o da biscottino della fortuna ed invece non e´cosi´. E non lo e´perche´si basa sui fatti.

Fatti che parlano di un´Italia fatta da autodidatta della vita che guarda al futuro facendosi,da un lato, una ragione dei rischi e,dall´altro, confidando nell´ottimismo di chi vede che **le occasioni sono qui ed ora!**

E questi fatti sono esempi,realta´concrete.

Penso alla Syndacation di Quotidiani Online locali in cui scrivo.Unica in Italia nata da un´idea di Enrico Anghilante che da una citta´che non ha un´autostrada di asfalto che la colleghi col mondo ha capito che il mondo era,(e sara´sempre piu´), collegato con autostrade telematiche il cui casello per accedere sono i nostri telefonini e computers.

Muovendosi quotidianamente on the road ed ascoltando la strada questa Syndacation ha almeno 450.000 lettori unici/giorno e cresce mentre altri entrano in crisi.

Un miracolo ?

No, un lavoro convinto e umile di tanti autodidatti della vita mentre gli auto-referenziati dai talk-show chiedono contributi a sostegno delle loro testate che „misteriosamente" perdono lettori. Ma non sarebbe meglio dirla tutta: perdono „semplicemente" il contatto coi lettori che vanno altrove e per questo non vi e´finanziamento (buttato al vento) coi soldi pubblici che tenga,no?

Ma ... in una small town dell´ovest Italiano sta´nascendo una Chinatown ed al suo interno una madre ed una figlia Cinesi hanno rilevato da Italiani un locale che diviene , day-by-day, sempre piu´un lounge,il Cinamom.

Non da meno poi il mondo dei Big Players a livello mondiale che investono. Loro si´mentre altri, troppi in 10 anni hanno incamerato non meno di 400 miliardi di utili per poi andare a piangere per avere finanziamenti per poter fare investimenti... .

I primi si sviluppano e divengono global players mentre i secondi de-industrializzano.

I primi sono nel bicchiere mezzo pieno ed i secondi in quello mezzo vuoto ed il tutto si commenta da solo.

Realta´che sono fatti che esprimono coi loro nomi la coerenza ai valori di un business etico quanto sostenibile e,quindi,ad una visione. Al credere in un „qualcosa" che li ha resi vincenti nel mondo,e con loro il Made in Italy. Vincenti in una logica di ottimismo della ragione, (Maskin,Ceccarelli), che ha distrutto il pessimismo irrazionale.

Una visione? Esprimiamone alcuni concetti chiave illuminanti quanto esemplari:

-il credere che le risorse da scoprire siano le persone

-il credo nel crescere

-l´essere consci che il futuro sia nel presente e che si cambia oggi per il domani

-la convinzione che bisogna fare impresa anche se ti remano contro dato che il piu´grande problema energetico dell´Italia e´ ... l´energia drenata dalla burocrazia

-la convinzione che la chiave sia un patrimonio umano in cui generazioni ed esperienze diverse devono fondersi

-la coscienza che il mondo sia complesso e non complicato

-il sapere che „piccolo" se non strutturato in un sistema e´terribile

Ovvero **una leadership di prontezza nel reagire operando come attori sociali ed economici responsabili agenti in un´ottica sostenibile.**

Alcuni nomi … Util Industries, Impresa San Paolo, Esprinet,Dampe´Farmaceutici, Brembo, Carraro, Comer Industries, FCA, Solvay Italia, Shell Italia, COOP, OPEN DOTCOM, De Agostini Editore, Telecom Italia, Kitegen.GF Gruppo, Banca Esperia, Carlo Tassore , Arcipelago SCEC, Slow Food Italia, Gruppo Ceccarelli SpA, Italcementi, Ferrero,Merlo … e la lista puo´continuare .

Realta´che hanno creduto, credono e crederanno in questo paese basandosi sulla logica dell´ottimismo della ragione.

Ed e´ora che si vada oltre la cultura di parte, di troppe parti interessate ad auto-referenziarsi e non ad avere una cultura generale del bene comune.

Gli esempi ci sono ed a tutti i livelli,(economia, politica , cultura , burocrazia , sindacato, societa´civile),
perche´non iniziamo a concentrarci su di loro ?

Il bicchiere mezzo pieno da cui ri-partire!

Quando l´Ottimismo diviene moneta

Le Monete di Credito Commerciale , (MCC),
„semplicemente" moltiplicano la liquidita´ disponibile
basandosi sul credito all´ottimismo in un network fatto di
persone prima che di aziende. Come? Immaginiamo un
network che utilizzi una MCC che per semplicita´
chiamiamo „Ottimismo". Le prestazione di servizi come
pure il valore degli oggetti sono convertiti in
„Ottimismo",la moneta del network.

Sfortunatamente tendiamo troppo spesso a confondere la complicatezza con la complessita´e questa e´una delle tante conseguenze negative di una mentalita´che non vuole cogliere le potenzialita´del presente,ovvero che rifiuta la cultura dell´ottimismo della ragione.

La potenzialita´maggiore e´quella che deriva da noi stessi e dal ritornare ad aver fiducia , ovvero al (ri-)dare credito a noi stessi.

Viviamo in un mondo che e´sempre
piu´**PROSUMERZEN**.

Ovvero un mondo dove la sostenibilita´deriva dalla concretezza etica del fatto che siamo ,(sempre e comunque),coscienti di essere allo stesso tempo:

PROducer+con**SUMER**+citi**ZEN**.

Come Producer,(Produttori),dobbiamo avere verso i nostri Clienti la stessa serieta´che chiediamo ai nostri fornitori ed al contempo lo stesso approccio sostenibile verso l´ecosistema sociale,(i nostri dipendenti),e verso quello ambientale che esigiamo dagli altri come Cittadini responsabili.

Come Consumer,(Consumatori), chiediamo da chi compriamo la stessa serieta´che pretendiamo da chi ci formisce quando siamo produttori ed al contempo dobbiamo vivere un life style sostenibile nel senso che sia rispettoso sia dell´ecosistema sociale,(diritti dei lavoratori),che di quello ambientale.

Come Citizen,(Citttadini),il nostro comportamento e´quello che fa la differenza. Infatti noi „votiamo" sia nella sfera politica,(decidendo di votare o non votare, non voto e´a sua volta un voto),come pure in quella economica, (premiando con i nostri acquisti chi ha un atteggiamento etico e punendo che non lo ha.

Il mondo Prosumerzen e´quello della struttura economica che si sta sviluppando parallelamente e sinergicamente a quella tradizionale creando una dimensione **Peers-to-Peers,(P2P),** dove il network basato sul rapporto umano genera scambi commerciali che creano benessere. Scambi che sono prima ed innanzitutto relazioni umane che si basano sulla condivisione dell´ottimismo. Un ottimismo che non puo´non essere razionale dato che ha il suo perno sulle persone.

Una dimensione sostrenibile che e´cosi´in crescita che anche la farraginosa burocrazia della EU ha deciso che non poteva restare a guardare ed ha creato una Direzione Generale che ne segue la dinamica e questo la dice lunga sull´impatto che il P2P sta´avendo sull´economia mondiale.

E lo sta´ avendo ora con un volume pari a circa il 25% del PIL mondiale.

Una delle dimensioni piu´interessanti e´ il trasformare questo ottimismo in un tool operativo pratico per il business, per le Imprese di ogni dimensione, elevando alla massima potenza la disponibilita´del credito alle persone per quello che fanno e per come lo fanno.

Prima di parlare del meccanismo di questo network che usa le **Monete di Credito Commerciale,(MCC),** e che e´ basato sulle persone, ovvero il vero cuore delle Aziende, e´bene introdurre di cosa si tratti per evitare alcuni fraintendimenti in merito.

Pertano e´fondamentale iniziare con la domanda chiave: cos´e´ una moneta?

Se andiamo a Disneyland possiamo comprare usando i Paperino-euro od i Paperino-dollari. Questo perche´hanno valore all´interno del parco tematico. Ovvero sono moneta dato che ne hanno le tre caratteristiche chiave:

-rarita´

-trasferibilita´

-riconosciuto valore intrinseco

E´pero´ovvio che se usciamo da Disneyland il Pepero-€ od il Papero-$ ha solo valore numismatico per chi colleziona e come souvenir per noi.

Perche´?

Solo e semiplicemente perche´fuori dai cancelli di Disnyeland viene meno chi garantisca piena conversione della moneta in dollari od in euro.

Capiremo meglio il senso di questo esempio alla fine della nostra parentesi esplicativa su cosa sia una moneta.

Dalle conchiglie alle foglie di tabacco pressate negli USA del XVIII fino ai Sovereign Drawing Rights del Fondo Monetario Internazionale ci troviamo di fronte a „cose" che hanno in comune il fatto di essere state usate,(in un dato momento e luogo),come monete.

Perche´?

Perche´incarnano le tre caratteristiche chiave che abbiamo elencato per i Paperino-euro, (rarita´, trasferibilita´, riconosciuto valore intrinseco),che quando sono presenti in contemporanea trasformano una „cosa" in una moneta.

A questo punto e´bene chiarire il significato di queste tre caratterstiche necessarie:

-Rarita´:ovvero un ferreo controllo sulla fonte

-Trasferibilita´:si esprime in due dimensioni.

La prima e´che sia trasportabile e possa essere messa in circolazione senza alterarsi,(questo vale per le prime conchiglie come pure per i bit che fanno muovere il denaro nei nostri conti correnti). La seconda dimensione e´che sia accettata e questo ci introduce alla terza caratteristica

-Riconosciuto Valore Intrinseco: la „cosa" utilizzata per la transazione e´una moneta perche´le viene riconosciuto un valore intrinseco che equivale quello della transazione.

Le prime monete cartacee ad avere la piena convertibilita´in oro erano Cinesi e sono nate nel X secolo e questa convertibilita´era espressa con la parola „cash"... .

Una parola che ha mantenuto questo significato attraverso i secoli in tutto il mondo al punto tale che pensiamo che sia inglese ... .

E questo e´un esempio di un valore intrinseco riconosciuto.

Un esempio sulla trasferibilita´ci viene dal *Pezo de Ocho* in argento dell´impero Spagnolo.

E´noto che gran parte dell´argento proveniente dalle Americhe fini´nel Regno di Mezzo per pagare il cronico disavanzo commerciale.Ma in Cina la moneta di quello che allora era il piu´potente stato dell´occidente,quello Spagnolo,non era usata come tale ma per il fatto di essere d´argento.Ovvero?

La moneta pesava 8 grammi e valeva solo per questo. Un esempio chiarira´tutto.Immaginiamo di essere a Nanchino nel XVI e di comprare 100 chili di riso per un controvalore di 20 grammi di argento.Diamo al venditore tre monete Spagnole. Il venditore usando una speciale forbice prende una delle tre monete e la taglia in due e poi pone il pezzo tagliato su di un bilancino per verificare che siano 4 grammi. A questo punto ci restituisce la meta´della terza moneta tenendosene due e mezzo che pesano appunto 20 grammi.Pertanto le monete Spagnole sono trasferibili perche´mentengono inalterato il loro valore in argento.

Ora un esempio sulla rarita´.

A 40 anni luce dal nostro pianeta esiste il pianeta 55 Cancri. Immaginiamo di essere nel nostro ufficio e di comprare qualcosa da un Cancriano.Per farlo abbiamo pensato di usare una delle „cose“ col piu´altro valore intrinseco riconosciuto del pianeta: i diamanti.

A quel punto,pero´, il mercante di 55 Cancri ci sorride e gentilmente rifiuta i diamanti come moneta,perche´?

„Semplicemente“ perche´55 Cancri e´composto per almeno il 40% della propria massa di diamanti che, quindi,sono facili da trovarsi come lo sono da noi i comuni sassi.E pertanto non hanno alcun valore.

Una volta chiarite le tre caratteristiche chiave che, se presenti contemporaneamente, trasformano una „cosa“ in una moneta. **Ovvero in un oggetto ad altissimo significato simbolico a cui diamo credito di un valore appagante il nostro lavoro.**

A questo punto possiamo parlare di un altro possibile fraintendimento: i Bitcoins e simili sono Monete di Credito Commerciale,((MCC),?

Assolutamente no! Le MCC non hanno nulla a che vedere oltreche´a spartire con i Bitcoins.

E non sono ne´comparabili e ne´sovrapponibili.

Le MCC generano inflazione?

Assolutamente no! Questo per la natura della ,loro circolazione che ha valore solo ed esclusivamente all´interno del network,(ricordate l´esempio del Paperino-euro?).

Le MCC sono una moneta per il reciclaggio di denaro sporco?

Assolutamente no! Il cardine del reciclaggio e´ la non tracciabilita´della del denaro da reciclare.

 Nel contesto dai network che usano le MCC questa non tracciabilita´e´impossibile e quindi e´il massimo dei disincentivi per il crimine organizzato.

Le MCC sono vulnerabili ad attacchi di hackers?

Assolutamente no! Un hacker ha intaresse a rubare i codici di una carta di credito oppure a trasferire denaro da un conto all´altro ma non quello di prelevare illegalmente una moneta non usabile al di fuori di un network.

E la totale tracciabilita´ all´interno del network impedisce che qualcunon possa pensare di farne parte e poi arricchirsi spostando masse di MCC.

A questo punto possiamo passare dalla teoria alla pratica analizzando quanto le MCC siano un tool fantastico per le imprese in un momento di crisi di liquidita´.

Le MCC „semplicemente" moltiplicano la liquidita´ disponibile basandosi sul credito all´ottimismo in un network fatto di persone prima che di aziende.

Come?

Immaginiamo un network cha utilizzi una MCC che per semplicita´chiamiamo **„Ottimismo".** Le prestazione di servizi come pure il valore degli oggetti sono convertiti in „Ottimismo",la moneta del network.

Nel pratico:un ora di lavoro vale 20 Ottimismi ed un metro quadrato di piastrelle valgono 2 Ottimismi.

A questo punto Voi siete nel circuito.

Immaginiamo che dovete allargare la vostra attivita´e che questo comporti spese varie per 50.000€.Spese che vanno dal nuovo affitto alle opere di muratura come pure i computers e via dicendo.

All´interno del network trovate Aziende e Professionisti che hanno quanto vi serve e li contattate. Queste realta´sapendo che a loro volta possono comprare da voi usando I „Ottimismo" come moneta commerciale di credito vi vendono parte dei servizi/prodotti in Ottimismo e parte in Euro.

Nota bene stiamo pensando lo scenario peggiore dato che normalmente in questi network tutto l´importo e´pagato con la MCC.

Pertanto degli iniziali 50.000€ vi trovate a pagarne 20.000 in Ottimismo e 30.000 in€.

Risultato?

Avete tutto quello che vi serve per ampliare la vostra attivita´ed inoltre ancora in cassa 20.000€ per la vostra attivita´... denaro che... .

Il senso e´"solo e semplicemente" quello di credere nell´ottimismo della ragione ovvero nel saper vedere che le opportunita´eistono „ ora e qui" e quindi volerle coglierle.

Il tutto in un network P2P,(ovvero tra Pari), dove eticamente e responsabilmente si opera da persona a persona in un´ottica Prosumerzen.Un netowrk che non si sostituisce ma affianca ed integra quello in cui abitualmente operiamo moltiplicando le risorse a nostra disposizione.

Il futuro ha bisogno di credito ed il miglior credito siamo noi stessi

Paolo Dealberti ©2014 (e´consentita le ri-pubblicazione integrale purche´non a fini commerciali e citando sia l´ autore che la fonte con un hyperlink attivo)

Internet ne′ cosi′ nuovo e ne′ cosi′ innovativo (articolo 1/3)

Il tutto nel contesto di **una economia da network incentrata sull′uomo** *che, anch′essa, non e′la novita′che si vuole spacciare in Italia per dare lustro ai soliti auto-referenziati di certa societa′civile ma bensi′una realta′***che** **e′esistente da almeno 20 anni"**

Le imprecisioni di troppa stampa colta,informata,tecnica in merito alla quotazione di Alibaba tristemente la dicono lunga sul generale, quanto, pericoloso fraintendimento su Internet.

Nell′ultimo articolo abbiamo parlato delle **4.000 Monete di Credito Commerciale esistenti al mondo** che, nuovamente tristemente, sono fatte passare in Italia come una novita′mentre sono realta′super consolidate ed iper-affidabili da (almeno) due decenni !!

Il tutto dopo che negli articoli precedenti si era **smantellato la liturgia della Paura** che ci annichilisce sul presente a seguito di un bombardamento quotidiano quanto manipolatore di troppi Guru tutti-partisan.

Un martellamento che ha generato una metastasi del pessimismo irrazionale che e′divenuta una cultura al punto che si puo′dire: „ **dimmi di cosa hai paura e ti diro′chi sei"**.

Ovvero,solo per citare alcuni esempi:

- temi gli immigrati ? Sei di centro-destra/destra

-temi per l´ambiente ? Sei di centro-sinistra/sinistra

-temi per il tuo lavoro? Sei...tutti-partisan...

Siamo contenti ora di essere „sdoganati" in questo dato che mesi dopo di noi ne parlano con gli stessi toni ,ad esempio, il Direttore del Sole 24 Ore o la Confindustria.

Il filo rosso di coerenza che lega gli articoli e´quello di non relativizzare il bicchiere mezzo vuoto, (ovvero di tenere sempre a mente la crisi che e´reale e devastante), ma ,ed al contempo, il voler sempre considerare che esiste anche un bicchiere mezzo pieno.

Ovvero l´ambito dell´ottimismo della razionalita´ che si basa su occasioni da cogliere e da cogliere ora.

Come le Monete di Credito Commerciale od... Internet, ad esempio.

Internet ha:

- **50 anni**

- **vissuto la sua prima crisi di borsa,**(ci ricordiamo la crisi delle .com ?)

- generato al suo interno realta´come **i Social Network che hanno 10 anni**

-generato al suo interno **i mondi 3D digitali che hanno un decennio**

-generato al suo interno **un´enciclopedia universale multi-lingue da almeno un decennio**

-molto, ma moltissimo altro

Ed inoltre:

- Internet e´considerato **l´insieme geopolitico N. 45 del pianeta,**(ne abbiamo parlato su Reteconomy e siamo la prima TV nazionale Italiana a definirlo in questo modo)

-in Internet nel 2015 vi saranno **nuove religioni con almeno 100 milioni di fedeli** e questo confermera´una previsione della National Intelligence Agency del 2008,(ed il 2015 e´tra 2 mesi,no?)

- in Internet **si definiscono nuovi tipi di significati per concetti come cittadinanza ,nazionalita´**e per questo le piu´importanti citta´digitali sono nella lista delle 296 leading towns del pianeta

- dal 2010 e´possibile **operare in uno di questi mondi digitali usando valute reali,**(ad exp. l´euro o lo yen),in una banca autorizzata, controllata e garantita da una Banca Centrale

- e molto altro...

Ma prima di iniziare ad analizzare perche´una realta´che, ormai,esiste da 50 anni non possa essere ne´cosi´nuova e ne´, tantomeno, cosi´innovativa e´bene analizzare alcuni fraintendimenti di fondo in cui cadiamo tutti a causa di un´iper-obesita´informativa troppo superficiale.

Iniziamo con la parte piu´facile: **perche´ Internet non e´cosi´innovativo in se´e per se´?**

„Solo e semplicemente" perche´Internet non ha inventato nulla ma ha solo e semplicemente ottimizzato ed usato tecnologie e strutture sviluppate direttamente ed indirettamente con denado pubblico.

Ed in questo caso si smitizza/relativizza l´efficenza mitologica del privato rispetto al pubblico.

E´stato il pubblico,nella forma del Dipartimento della Difesa USA, a creare Internet per ragioni militari.Lo ha fatto interfacciandosi non con una tecnologia creata ex-novo ad hoc ma bensi´e „semplicemente" utilizzando in maniera sofisticata quanto gia´esistente e finanziato dal Pentagono.

Poi e´stata un´universita´pubblica, il CERN di Ginevra, a sviluppare il World Wide Web e qui e´utile raccontare un triste evento.

Il CERN chiese 10 milioni di dollari all´Europa per continuare lo sviluppo del WWW ma non si trovarono.

 Ripetiamo: tutta l´Europa non trovo´10 milioni di dollari, ovvero **meno del costo delle tartine/anno nei rinfreschi** dei seminari dei Guru sulla societa´del futuro.

 La scelta politica fu di non rinunciare alle tartine ma al WWW... e fu cosi´che un´universita´USA,l´MIT, arrivo´ ed anche con i fondi pubblici di Washington compro´la tecnologia del Web.

Pertanto non fu colpa di un complotto dell´imperialismo globalizzante USA, come ci raccontanto troppi Guru, **ma della *Potentissima Lobby del Rinfresco Tartinato* -**

MOMENTO di PRESTIGIO IRRINUNCIABILE-Post Convegno se l´Europa perse per sempre la leadership tecnologica su Internet.

Fa riflettere e ci scusiamo per l´amara ironia a commento di un evento cosi´triste per l´Europa … !

Il GPS come pure il touch screen,solo per citare un paio tra le tante tecnologie, non furono inventati da Steve Jobs ma coi soldi del governo USA. Steve Jobs fu solo il primo a capirne le applicazioni per una nuova e rivoluzionaria generazione di hardware e fu solo e solo questo questo il suo merito.Ne´piu´e ne´meno senza nulla togliere al suo ruolo leggendario in quest´industria.

La generazione di devices che ha creato la Login Life che viviamo ogni giorno da…un decennio… eh si, un decennio ed e´cosi „quotidianita´"che ci dimentichiamo da quanto tempo stia evolvendosi in Login Life senza che ce ne accorgiamo.

Internet senza i finanziamenti pubblici, in primis del governo USA per–inizialmente-ragioni mlitari, non esisterebbe.

E questo conferma che lo Stato quando spende i soldi pensando al futuro non e´meno performante e bravo del privato.

Un qualcosa da non dimenticare in tempi di tagli piu´o meno lineari.

Un esempio da „fantascienza"?

L´ARPA ha sviluppato reti Internet particolari che consentiranno ad unita´dell´esercito USA di avere delle devices con cui comunicare telepaticamente. Le prime unita´ad averle saranno dei corpi di super-elite e questo nel 2015...ovvero tra 2 mesi... .

Ed ora andiamo a vedere **perche´ Internet non sia poi alla fine cosi´nuovo... .**

„Semplicemente „ e´impossible definire come nuovo qualcosa che da 50 come pure da 10 anni e´la regola.

Il fraintendimento e´,quindi, quantitativo e non qualitativo.

Ovvero non e´Internet in se´e per se´nuovo,(dimensione qualitativa),ma bensi´nuovo e´il volume,la velocita´e la varieta´dell´offerta,(dimensione quantitativa).

Nulla di piu´o di diverso dell´applicazione della 3V Theory, **(volume,velocity,variety)**.Un´analisi storica che spiega come troppo spesso confondiamo una variazione quantitiva con innovazione.Confondendo quindi un aumento simultaneo di velocita´,volume e varieta´nella disponobilita´delle cose come innovazione quando invece e´solo evoluzione.

Ovvero una dimensione complicata, (evoluzione), erroneamente intesa come se fosse una complessa, (innovazione) .

In una frase: **quello che e´nuovo** non e´ne´che dopo 50 anni esista Internet e nemmemo che viviamo una Log-in Life ma „solo e semplicemente" che ogni giorno,(o quasi),qualcosa di nuovo,(che a brevissimo finiremmo tutti con il considerare routine banalizzandone l´esistenza definendolo come una delle tante tipologie specialistiche di Apps),compare ed entra nella vita di milioni di persone.

E questo avviene ancora solo e semplicemente NON come novita′anticipatrice, (qualitativa),ma come applicazione di una tecnologia esistente concepita per soddisfare una ben identificata massa critica di mercato di milioni di persone.

Massa criticata,ovviamente, sempre identificata ex-ante e sempre al momento in cui basta a coprire l′investimento in tecnologia.

Quindi:**applicazione ,anche se sofisticata, e (quasi) mai innovazione dell′esistente.**

Per usare una terminologia a cui siamo abituati: si tratta troppe volte di 1.1 o 2.0...2.5.. o 3.0,(evoluzione), e troppe poche volte 1.0,(novita′) .

Il tutto avviene cosi′quotidianamente che viviamo con un paio di fraintendimenti culturali sulla cui esistenza dovremmo riflettere.

Riflettere sul perche′esistono.

Internet...siamo ormai cosi′immersi in una Login Life che non ci chiediamo cosa significhi.

Internet = interactive network?

Internet = international network?

Non e′una disquisizione filosofica ... dato che da essa deriva il senso culturale di questa dimensione chiave della nostra vita.

Internet alla fine e′entrambi ma lo abbiamo talmente interiorizzato che neanche ce lo chiediamo e questo ci porta ad una considerazione.

Internet e´la sola realta´che NON abbia un simbolo ... eh si, pensiamoci bene...internet NON ha simboli.

Da sempre le nostre culture sono anche ed indissolubilmente simboliche ed i simboli sono visual words,parole visuali.

MA quando arriviamo ad Internet non ci accorgiamo che internet non ha un simbolo che lo contraddistingua.

Se fossimo rapiti da un´astronave aliena e ci chiedessero di disegnare i simboli universali di realta´chiave non avremmo problemi ad usare,ad esempio, quello del dollaro per definire il denaro, la Tour Eiffel per definire Paris,il Tao per definire la spiritualita´come pure la chiocciolina per definire l´email ma per definire... Internet?

Non ne abbiamo da dare.

Fa riflettere ... e non poco...altro che qualcosa di nuovo dato che lo si scopre essere cosi´tradizione, almeno per noi, che - e per la prima volta in contemporanea in tutte le culture del mondo-non sentiamo neanche la necessita´di dargli un simbolo ... .

E questo spiega la confusione che persiste , nonostante si viva una Login Life, in merito a reale,digitale e virtuale.

I mondi in Internet sono erroneamente definiti come virtuali perche´una cosa virtuale e´una cosa che non esiste.

Ma essi esistono e quindi?

Quindi non sono virtuali ma digitali!

Il Login Life che viviamo e´sempre e solo tra digitale e reale ed in questo consiste il suo essere dual in cui convivono le dimensioni on -ed-off della nostra vita.

On-&-Off = dual, ovvero continuum,ma sempre a confini distinti e distinguibili sebbene sovrapponibili.

Abbiamo quindi visto nella prima parte di questo articolo che nulla e´cosi´nuovo e tantomeno cosi´innovativo.

Il tutto nel contesto di **una economia da network incentrata sull´uomo**che, anch´essa, non e´la novita´che si vuole spacciare in Italia per dare lustro ai soliti auto-referenziati di certa societa´civile ma bensi´una realta´**che e´esistente da almeno 20 anni.**

Ovviamente i campioni di questa Societa´Civile che si vendono come innovatori lo sanno benissimo come lo sanno chi li incensa come tali ma se ne guardano dal dirlo.

Peccato che basti poco per informarsi e quindi scoprire non solo che non vi sia niente di nuovo/innovativo ma ,e sopratutto, **che da almeno 20 anni decine di milioni di esperienze worldwide hanno reso questi sistemi super affidabili ed usabili da chiunque.**

Ma dirlo toglierebbe loro il POTERE di dare i „*bollini blu* „ di leggittimita´ai loro „*amici di merenda*“come pure la giustificazione per l´essere i soli,(e guarda caso sempre i soliti), a fare man bassa dei Fondi EU,(loro tesoretto personale dato che solo loro sono etici, onesti, disinteressati e colti, is it?), da dividersi poi con gli „ amici di merenda“ non meno etici, onesti, disinteressati e colti.

Amici, ed e´questo il punto cardine in termine di potere reale, da loro certificati come tali.

Ed il processo di referenziazione/ auto-refenziazione continua cosi´a perpeturasi all´infinito nel chiuso anti-democratico dei salotti buoni di (troppa) certa societa´civile Tutti-partisan arrocata in ricche torri d´avorio.

Ed il tema della seconda parte di questo articolo sara´vedere il senso di questa **economia basata sull´umanita´dell´uomo** come pure il fatto che sia attuabile da tutti noi „**autodidatta della vita**" come ,ennesimo ed ulteriore, occasione da cogliere ora che l´ottimismo della ragione ci da.

Internet né così nuovo, né così innovativo (2/3)

Questo ci porta direttamente al cuore della rete, allo scontro tra titani che -da anni e per i prossimi anni- ne domina gli sviluppi. Uno scontro che si innesta nel piu´grande scontro tra i circa 200 State Actors, (di cui solo una ventina a piena sovranita´), ed i leaders delle 29 familglie di Not State Actors e che si dipana nei 45 insiemi geopolitici,(incluso Internet),del pianeta all´interno della 296 citta´dominanti.(di cui alcune in Internet).

Nell´articolo precedente abbiamo visto come,dopo 50 anni, Internet non sia ne´cosi´nuovo e tantomeno neanche cosi´innovativo.

In questo modo si e´constatato che piu´di innovazione,(ovvero di 1.0...), si tratta ormai quasi esclusivamente di evoluzione,(1.2...2.0...3.5...).

Una differenza non da poco sia in termini qualitativi che quantitativi.

In termini qualitativi significa che la spinta innovativa sta perdendo slancio e questo e´fisiologico.

In termini quantitivi significa che la massa di realta´consolidate di realta´operanti siano la garanzia del successo come pure della replicabilita´ con delle barriere di accesso sempre piu´ridotte.

Prima di continuare per parlare del modello di economia incentratata su una visione sostenibile dell´uomo che e´in crescita piu´che esponenziale da almeno un decennio e´bene soffermarci su una ulteriore parentesi storica che ci conferma che Internet,oramai, dimostra gli anni che ha dicendoci , al contempo, che non e´nulla di nuovo.

Nulla di nuovo dato che abbiamo un esempio storico: la ferrovia.

Andiamo con ordine. A partire dal medioevo abbiamo avuto 3 Rivoluzioni Industriali.

La prima e´nel Medioevo ed e´definita abbastanza impropriamente come una la „Rivoluzione Industriale Leggera".

L´elemento motore di tale rivoluzione fu la possibilita´di usare acqua e vento per produrre energia mediante l´uso dei mulini.

Tutto inizio´nel X con i mulini ad acqua che posero l´energia idraulica al centro di una serie di innovazioni tecnologiche come pure della vita economica e sociale.

Come avvenne poi nel XVIII col vapore e nel XX con Internet.

Il mulino ad acqua sviluppava gia´nel X un ´energia equivalente a quella di 3 cavalli di potenza sostituendo il lavoro di 20 persone . Alcune cifre per dare una idea del tutto a comferma che fu una vera rivoluzione: alla fine dell´ XI Inghilterra vi erano circa 5.600 mulini ad acqua ed in Francia circa 20.000,(in media 1 ogni 250 persone).

Il mulino a vento comparve nel 1185 nello Yorkshire.

Un dato conferma sia l´importanza che la diffusione **di questa 1. Rivoluzione Industriale: alla fine del XVIII, (ovvero quando comparve la macchina a vapore), in Europa vi erano piu´di 500.000 mulini**

ad acqua generanti una forza motrice equivalente a quella di 2.250.000 cavalli o 15.000.000 di uomini.

E nello stesso periodo un mulino a vento in media generava 30 cavalli di potenza.

Come si e´detto erroneamente non si definisce questa rivoluzione tecnologica iniziata tra il X e XII secolo come „rivoluzione industriale“ perche´si e´ erroneamente fossilizzati sull´equazione „tempo-spazio“.

Ovvero?

Una tecnologia che consente di percorrere lo spazio in meno tempo ,(ad esempio il vapore od internet),genera una Rivoluzione.

Peccato pero´che questo sia avvenuto in termini qualitativi anche nel periodo X-XII. Sfugge,infatti alla gran parte degli studiosi,(tranne rare eccezioni come Braudel od Attali),che in quel periodo il numero delle Fiere aumento´ in maniera piu´che esponenziale in tutta Europa. Ebbe il suo fulcro nelle Fiandre al punto che sia Braudel che Attali fanno giustamente iniziare la fase moderna della Globalizzazione nel XII.

A questa rivoluzione segui´poi quella generata in un lungo periodo a partire dal XV coi perfezionamenti navali iniziati con le caravelle per seguire con quelli generati dall´uso delle fortificazioni alla *trace Italienne* per rispondere all´uso dell´artiglieria come pure il miglioramento della misurazione del tempo. Questa si´ una rivoluzione „leggera“ che porto´a quella della macchina a vapore del XVIII.

La rivoluzione che e´ comunemente definita come „Industriale“.

Poi ,col tempo, vennero le nonne e la mamma di Internet: ovvero il telegrafo, il cablogramma ed il telefono.

Gia´ a meta´del XIX la Regina Vittoria,(e non solo lei),comunicava col mondo in tempo reale col telegrafo.

Gia´dalla meta´del XIX le borse di tutto il mondo comunicavano via cablogramma.

E per chi crede che l´informazione in tempo reale sia nata con la CNN o con Internet abbiamo in serbo la delusione del leggendario International Herald Tribune. Basato in Parigi **nel 1887 dal Washington Post e dal New York Times veniva stampato in contemporanea in 38 citta´al mondo**.

La stessa edizione era inviata per telegrafo o cablogramma in contemporanea a 38 citta´diclocate in tutto il mondo e , dopo essere stata stampata,veniva distribuita in tempo reale creando il primo quotidiano del pianeta nel 1887.

1887... . Ovvero circa un secolo prima di Internet... . E poi venne Internet, 50 anni orsono.

Quanto detto fino ad ora ci consente di capire come sia proponibile il paragone Internet /ferrovie.

Ma non solo dato che e´possibile quindi il ben piu´importante paragone tra le aziende che dominarono la creazione del web ferroviario intorno al pianeta con quelle che creano il web internettiano.

Ve ne ricordate uno di questi giganti ell´industria ferroviaria?

Quanti di quei titani del capitalismo sono sopravissuti?

A parte il ricordo sui testi di storia od in magiche epopee cinematografiche alla Sergio Leone, (*C´era una volta il West*),cosa ne e´restato?

Una realta´economica che o e´statale o che da privata vive di sussidi piu´o meno indiretti come le tariffe energetiche particolari o l´affitto del rotabile scontato.

Ma se si era nel XVIII o XIX secolo investire in queste aziende era la cosa piu´sicura al mondo ed i loro proprietari erano i multimiliardari dell´epoca ... poi la storia li ha cancellati.

Lo stesso destino ,e questo di porta al senso dell´articolo di oggi, potrebbe essere riservato ai giganti di oggi come Google o Yahoo.

Potrebbe ... ed infatti non sara´cosi´.

E non lo sara´perche´, diversamente dalle compagnie ferroviarie, hanno saputo capire in tempo cosa fare per aggiungere valore aggiunto,(e quindi sopravvivere),alla loro offerta invece che „avvitarsi“ nell´essere solo e semplicemente il fornitore del „binario“ finendo con lo sparire.

Quindi non fornire solo il „binario ed il locomotore“ ma anche una parte sempre piu´crescente del contenuto.

Ed in questo i „titani“ di Internet si diferenziano da quelli dell´epopea della ferrovie.

In cosa ?

Nel capire che per sopravvivere al mutare delle condizioni nel tempo dovevano attuare una mutazione genetica.

Oovvero il riconoscere la semplice verita´che ci dice che la piu´grande tradizione sia che -prima o poi - tutto cambi.

 Una mutazione genetica che li trasformasse da semplici infrastructure provider a basso valore aggiunto in content provider ad elevato valore aggiunto.

Ne avevamo parlato quasi in solitaria alcuni mesi in Pulsazioni del Mondo,un format di Buonigiorno Economia diretto da Elisa Padoan,a seguito di progetti in corso con il vertice dell´Internet Defence League. Una NGO basata a New York e fondata da Fight oft he Future creata da Alexis Ohanian, founder di Reddit, e che collega diversi milioni di webs in tutto il mondo.

Questo ci porta direttamente al cuore della rete, allo scontro tra titani che -da anni e per i prossimi anni- ne domina gli sviluppi.

Uno scontro che si innesta nel piu´grande scontro tra i circa 200 State Actors,(di cui solo una ventina a piena sovranita´),ed i leaders delle 29 familglie di Not State Actors e che si dipana nei 45 insiemi geopolitici, (incluso Internet), del pianeta all´interno della 296 citta´dominanti,(di cui alcune in Internet).

Uno scontro che coinvolge da un lato gli infrastructure providers,(ad esempio Facebook, Google,Word Press, Bing...),e dall´altro i content providers,(ad esempio CNN, France 24 International, Sony, EA ...).

Gli infrastructure providers ,(IP), sono quelli che forniscono l´infrastruttura,ovvero il binaro ed i treni vuoti.

I content providers ,(CP),sono quelli che forniscono il contenuto della Rete.

Almeno una volta era cosi´dato che ,da anni , i IP stanno sconfinando ed invadendo gli spazi dei CP e lo fanno per l´evoluzione genetica di cui si era parlato prima. Sono,infatti,consci che se non offrono il valore aggiunto del „content“,(il contenuto), finiranno come chi ha costruito il web delle ferrovie.

Pertanto divengono a loro volta realta´che oltre al „binario ed al treno“ offrono anche quello che si trasporta sul treno: il contenuto dei webs.

Da qui gli scontri durissimi sul limite al copyright.

I CP vogliono limiti molto stringenti per impedire agli IP di avere il contenuto editoriale che a loro serve per trasformarsi.

Infatt gli IP hanno bisogno della maggiore liberta´ possibile sul copyright per consentire agli Users,(ovvero a noi),di pubblicare e dare quindi una ragione per visitarli.

E con il traffico generare le occasioni di business,(dalla pubblicita´alle Apps),che fanno la ricchezza delle Societa´operanti nel web.

Lo fanno da almeno 10 anni focalizzandosi sull´economia di tipo Peers-2-Peers,(P2P),che e´una delle dominanti nella Rete a fianco ed in antagonismo sia con altre forme di economia esistenti da non meno tempo che con quella capitalistica.

Una economia basata sull´uomo come coagulante e generatore di ogni web,network,rete che generi ricchezza e progresso.

E questo sara´il tema della 3. ed ultima parte di questo articolo la settimana prossima.

Internet ne´ cosi´ nuovo ne´ cosi´ innovativo (3/3)

„Quello che noi scambiamo ,fraintendiamo come rivoluzione non e´ altro che piu´ un aumento quantitativo, (ovvero una massa critica che puo´usufruirne in maniera enormemente maggiore) ,che uno qualitativo,(„rivoluzione"), e questo perche´ le infratrutture,(la retroattivita´del tutto),sono presenti da almeno due decenni.Quindi al momento un semplice maggioe volume, varieta´, velocita´nel disporre e quindi una dimensione ancora in gran parte quantitativa."

Nei due precedenti articoli abbiamo parlato di Internet e delle tensioni dominanti contestualizzandole sia nel contesto della storia del Web che in quello piu´ampio rispetto alle 3 Rivoluzioni Industriali dal Medioevo ad oggi.

Il farlo ci ha permesso di confutare alcune false mitologie sul fatto che questo mondo sia wired solo grazie e dopo internet.

Tra gli esempi ricordiamo come nel 1887 l´International Herald Tribune,basato a Parigi, fosse il primo quotidiano internazionale pubblicando in contemporanea in 38 citta´in giro per il mondo inviando i testi non per email ma via telegrafo/cablogramma.

Come pure quelle sul fatto che Internet sia cosi´nuovo dato che ha 50 anni e quindi sia sempre meno innovativo dato che sempre piu´assistiamo non a delle novita´, (per usare un termine noto a delle versioni 1.0),ma a delle evoluzioni,(ovvero le versioni 1.1...2.0...3.5...).

Inoltre si e´rilevato quanto socialmente, culturalmente e psicologicamente siamo ormai in un dual,(reale interconnesso-sovrapposto al digitale, ovvero la LoginLife),da almeno un decennio.

Lo siamo al punto che NON ci accorgiamo che Internet sia la sola dimensione globale che non abbia un simbolo per contraddistinguerla.

E non ci interessa che non l´abbia dato che e´ormai cosi´parte della nostra quotidianita´che e´divenuto irrilevante avere un simbolo che la contraddistingua.

Il tutto per portarci a parlare di una delle dimensioni dell´economia in Internet che,a sua,volta non e´poi cosi´nuova come viene detto in giro.

Una economia di diverse centinaia di miliardi di dollari sviluppattasi in varie forme in un decennio. Un esempio sia della concreta solidita´che del fatto che non e´poi cosi´nuova lo troviamo nel fatto che esistano almeno 4.000 monete alternative... .

Il punto in comune di queste forme e´la condivisione, ovvero essere „crow“ in una sharing economy.Si rimanda alla copertura dettagliata,precisa ed aggiornata fatta in 6 episodi su Reteconomy con la Sharing Economy Week (http://www.reteconomy.it/programmi/promo/2014/ottob re/27-sharing-economy-week/lancio.aspx).

Sharing... vi sono diversi modi di intenderlo. Tutto si innesta nel frame della Peers-2-Peers ,(P2P),Economy descritta in un precedente articolo.

Ed a questo punto e´interessante vedere il trend che sta trasformando i Big Players di Internet in congolomerate.

Un trend importante,chiave per capire gli sviluppi futuri della P2P Economy.Un trend, come vedremo ,iniziato almeno nel 1999,altro che niovita´... .

Da Facebook a Google da anni assistiamo ad una serie di acquisizioni che trasformano queste societa´sempre piu´in conglomerate. Dal comprare chi produce droni che possono restare in cielo 5 anni senza fermarsi a chi produce sistemi per misurare il livello glicemico mediante delle lenti a contatto.

Quindi queste societa´*"turn into conglomerates*" si modfica divenendo un insieme di conglomerate ...si e no.

Anzi piu´no che si e questo ci porta alla P2P Economy,ovvero all´economia tra Pari.

Solo in apparenza sembra di assistere ad un processo di „conglomeratizzazione" dato che pensarla in questo modo vuol dire „solo e semplicemente" non rendersi conto di quanto il tutto sia invece una **strategia di crescita per adiacenza** possibile appunto grazie al dual, (digitale e fisico),che si dipana nella nostra LoginLife.

In realta´quello che avviene e´solo e semplicemente una espansione per adiacenza, ovvero in aree che, solo apparentemente, sono lontane" dal core business.

Il fatto e´che l´Internet delle Cose, (nelle sue varie forme dalla P2PE alla Gamification, al Marketing Trans-dimensionale come pure alla Identity-&-People 1.0 per non dimenticare la Awarness Contextual Dimension... ed altro ancora. Tutte realta´trattate in vari episodi in Reteconomy),faccia si che non sia   la classica conglomeratizzazione ma bensi´una crescita sinergica per acquisire tecnologie e prodotti inseribili nella LoginLife.

Cosi´non e´da leggersi come FaceBook che vuole divenire una conglomerata se compra una societa´che produce droni in grado di volare 5 anni senza fermarsi...quando questi droni poi divengono antenne per consentire di avere Internet dove non arriva... .

Allo stesso modo Google che produce una delle device all´avanguardia del Wereable Computing,(i famosi occhiali),non fa altro che espandersi per adiacenza quando compra una societa´che ha una tecnologia per la misurazione glicemica nell´occhio... .

Ovvero alla fine tutto diviene LoginLife e tutto passa come content ad altissimo valore aggiunto dal e nel loro core business: Internet nelle sue varie appilicazioni.

Ed ovviamente nessuno dimentica i fallimenti come quello di Yahoo quando compro´Geocities nel 1999,(trag li iniziatoridi questo trend).

Gia´1999 ,ovvero 15 anni orsono ad ulteriore conferma che nulla e´poi cosi´nuovo e tantomeno cosi´innovativo come ci viene fatto credere.

Questo trend e´una ulteriore conferma verso la P2P Economy come Sharing Economy 2.0 aumentando le capacita´di essere „crow“ in un network.

Come?

Se intendiamo con il termine Sharing Economy 2.0 una utile generalizzazione definente ,come un frame,un insieme di realta´molto complesse e diversificate ,questo avviene perche´ aumenta contestualmente la Awarness Contextual Dimension,(ACD).

Purtroppo le implicazioni della ACD sono normalmente o sottovalutate o non comprese nelle analisi correnti.

La ACD,(si rimanda alla trasmissione in cui si parlava di questo http://www.reteconomy.it/programmi/pulsazioni-del-mondo/2014/ottobre/01/gamification-identity-people.aspx),consente al Dual una dimensione di interazione digitale/fisico mai vista prima.

Lo consente grazie all´evoluzione sia di tecnologie esistenti da almeno trenta anni nella dimensione militare, (le device per l´interazione col mondo digitale),che di „ambienti" come quelli dei mondi digitiali 3D che sono nati a fine anni 70.´

Il livello odierno consente di interagire, mediante Avatar,annullando la distanza e la fisicita´**introducendo un nuovo concetto di fisicita´** a cui siamo, peraltro,abituati da almeno 30 anni di utilizzo nella dimensione di Internet che contiene questi mondi digitale 3D.

Mondi che hanno un peso tale da essere definiti il 45. Insieme geopolitico del pianeta.

Ma non solo questo,ovviamente.

Il punto chiave e´che questo sviluppo per adiacenza genera „giornalmente" nuovi spazi, ambiti nel business come pure nel sociale per passare in „maniera indolore e naturale" ad una LoginLife che non sia solo Sharing Economy 2.0 ma anche Sharing Social Engagement come pure Sharing Private Life.

Il tutto senza soluzione di conitnuita´. Ancora una volta non una novita,(un mondo 1.0),ma bensi una logica innovazione da evoluzione,(mondo 2.0...).

Pertanto dimensioni che si caratterizzano per il fatto di essere:

- low entry perche´una P2P Economy,(come abbiamo visto negli articoli precedenti),non ha barriere di accesso

-consolidate,(le almeno 4.000 monete alternative)

-e quindi facilmente replicabili

Facilmente recplicabili appunto grazie al combinato disposto sia delle inftrastrutture che delle dimensioni umane di crow con cui interagire.

Verrebbe da dire: **le rivoluzioni hanno effetto retroattivo.**

Ovvero?

Quello che noi scambiamo,freintendiamo come rivoluzione non e´ altro che piu´ un aumento quantitativo,(ovvero una massa critica che puo´ usufruirne in maniera enormemente maggiore), che uno qualitativo, („rivoluzione"),e questo perche´ le infratrutture, (la retroattivita´del tutto), sono presenti da almeno due decenni.

Quindi al momento si trattia di un semplice maggiore volume, varieta´, velocita´nel disporre e quindi una dimensione ancora in gran parte quantitativa.

La dimensione qualitativa, (si veda ad exp. Rifkin,2014), sta´nascendo ora e portera´alle rivoluzioni che tutti desideriamo nei termini di costruire una economia piu´umana perche´piu´...condivisa.

Ovvero divenire dei **Prosumerzen** ,(Produttori + Consumatori + Cittadini), al 100%.

Paolo Dealberti ©2014(e´consentita la riproduzione integrale non a fini di lucro citando l´autore e la fonte con un hyperlink attivo)

Muro di Gomma

Da qui al 2020 vi sono 158 miliardi di euro di Fondi EU da usare che non impattano sul fiscal compact, sullo spread e non hanno costi.Ovvero in media 537.755€giorno persi per Provincia

In molti penseranno che „triangolando" tra societa´sara´ possibile by-passare l´embargo alla Russia e vendere.

Sicuramente sara´ possibile ma non cosi´ facile e questo come effetto collaterale delle azioni di tre governi, (Monti,Letta,Renzi),contro l´evasione e l´elusione fiscale.

Per esempio nella provincia di Cuneo nel settembre 2014 sono stati accertati 407 abusi nell´uso delle domisiciliazioni fiscali off-shore. Niente male se consideriamo una popolazione attiva di circa 300.000 persone,(sui circa 500.000 abitanti),vuol dire che **in media ogni 737 persone una ha una realta´offshore per il proprio business e ne abusa**. Non male come esempio d´Italia dato che per il Sole 24 Ore la Granda e´ il miglior luogo per fare business. Non male nel senso che e´ un esempio realistico di quello che accade in tutte le altre provincie.

Da qui al 2020 vi sono 158 miliardi di euro di Fondi EU da usare che non impattano sul fiscal compact, sullo spread e non hanno costi.

Ovvero in media 537.755€/ giorno persi per Provincia.

Persi?

Pardon, non persi perche´i soliti amici Tutti-partisan ne hanno una fetta.

Questo e´il vero „tesoretto" segreto dei politici da estrema-destra ad estrema-sinistra Parlamentare a cui sanno di poter attingere a loro piacimento in ogni momento disinteressandosi completamente della spending rewiev, del fiscal compact, della recessione, di Brussels, della becera finanza capitalistica etc.etc. ... insomma di tutte le storielle con cui ci imbottiscono la mente per giustificare la loro incapacita´.

Il tutto in maniera totalmente legale dato che il voluto **MURO di GOMMA TUTTI-PARTISAN** nel non agire per far si che altri abbiano questi fondi non commette reato. Non esiste il reato di inerzia nell´uso dei fondi... .

Un infrangibile muro di gomma su cui sbattiamo tutti noi che amici non ne abbiamo.E questo non e´che uno dei tesoretti legali dei politici per il loro futuro,ma il nostro?

Un tesoretto per i politici e non per la politica.

 La distinzione tra politici e politica e´chiara e dato che qui si parla di politici ogni accusa di populismo sarebbe solo strumentale ed interessata ad alzare un polverone per sviare dal vero problema:l´**abuso di una casta di politici e non il fallimento della Politica**

.Per chi vuole capire la distinzione e´chiara.

Mentre qualcuno chiede investimenti per fare innovazione nella aziende noi ci chiediamo perche´non lancia un altrettanto vibrante richiamo ed appello alla leadership economica Italiana che negli ultimi 10 anni ha incassato non meno di 400 miliardi di euro ma non reinvestito.

E´ ora di finirla con questo socialismo per miliardardi per cui i costi sono sempre pubblici ed i profitti sono sempre privati.

Ad ogni miliardo reale e non contabile che verra´fuori da quel „tesoretto" possiamo far corrispondere senza costi un altro miliardo di aiuti per inviestire prendendolo dai sopracitati Fondi EU.

Mentre un Papa parla di nuova morale sarebbe bene che qualche Cardinale ne seguisse gli insegnamenti e negoziasse il pagamento dell´IMU o come si chiama adesso.

Certamente non per chiese od ospedali ma per immobili di pregio in centro o per conventi convertiti in alberghi o centri di meditazione e relax a pagamento.Chiederlo non vuol dire essere massoni,mangia-preti o necessitare di un esorcista.Il denaro raccolto potrebbe essere usato in opere di bene e tutti ne saremmo contenti.

E´inutile che i sindacati urlino alla fine della democrazia se si chiede di certificare come vengano spesi almeno un miliardo di euro di contributi.

Il confondere volutamente le carte fa pensare che in troppi considerino questi finanziamenti come il loro „tesoretto" privato.

Capire come spenda il denaro il mondo delle NGO non e´ becero neo-liberalismo che vuole assassinare il sociale ma e´ andare finalmente a fare i conti in tasca a troppi auto-referenziati ed auto-nominati campioni della Societa´ Civile che in maniera ipocrita si (auto-definiscono) volontari quando in realta´ hanno fatto di questo il loro lavoro.

Nulla di male ed e´ anzi legittimo che queste comptenze sociali siano pagate perche´ richiedono professionalita´esplicate in un lavoro e questo non lede minimamente ne´ la dignita´ di chi ,(la stragrande maggioranza),vi lavora seriamente e neppure le risorse al sociale.

Anzi trovare chi invece sia un furbetto che usa questi soldi come il „tesoretto" puo´ solo servire a librare risorse che dai loro conti correnti vanno al sociale.

Finiamola di farci manipolare dai profittatori del „tesoretto" che sviano l´attenzione dai loro conti correnti proponendosi come i difensori dei massimi sistemi.

Fino ad oggi abbiamo parlato del bicchiere mezzo pieno per dimostrare come l´ottimismo della ragione possa e debba vincere contro il pessimismo irrazionale.

Per poter meglio affrontare e sconfiggere la liturgia della paura che troppi Guru ci propinano ormai da una generazione ,ponendo al centro di ogni analisi il contrapporsi di paure, dobbiamo pero´parlare anche del **bicchiere mezzo vuoto.**

Il problema fondamentale relativamente al bicchiere mezzo vuoto ed al peso asfisiante sugli autodidatta della vita ,che ogni mattina si alzano per produrre quanto fa vivere questo paese, **e´il combinato disposto di furbizia ed autolegittimazione.**

Un combinato disposto che e´trasversale in termini di appartenenza politica come pure di sesso, etnia ed eta´.

Ne abbiamo dato alcuni esempi ad inizio articolo

.**Esempi che confermano come qualcuno,(in tanti), possa pur comprarsi tante delle piu´ di 100 mila automobili Made in Germany dal valore di piu´di 100milaC che ogni anno si importano in Italia.**

Comprarsi guadagnando da „furbetto/a",off course.

Ma come e´possibile?

Questo e´possibile perche´vi e´una **complicita´sociale** che lo permette.

Di fronte al risparmio „da nero" non si segano le gambe di chi lo propone denunciandolo ma si sorride pensando appunto al risparmio. Salvo,ovviamente, ad indignarci due minuti dopo contro „altri" che fanno nero...

E questa convivenza e tolleranza sociale l´humus in cui i „furbetti" crescono e fino a che non cambieremo forma mentis non vi saranno leggi od eserciti di finanzieri che tengano.

In una frase: chi e´artefice del proprio male pianga se stesso.

Non da meno in merito ai politici,(**non alla Politica**),per quando concerne i Fondi EU,(ma altri esempi non mancano).

In questo caso il muro di gomma e´una scelta condivisa Tutti-partisan in cui da un lato gli eletti „cadono dal pero" indignandosi che questo avvenga ma dichiarandosi impotenti perche´Brussels e´becera ma dall´altro hanno memorizzato nei loro cellulari il telefono del portaborse che ogni partito ha nella Fin-Regione a cui telefonare per finanziare il *„progetto degli amici di merenda"*.

Il muro di gomma dell'inerzia voluta ed anche in questo caso siamo artefici del nostro male dato che non agiamo.

Agire vuol dire andare in Internet e leggersi i bandi della propria Fin-Regione per chiedere questo denaro con un progetto. Se poi i portaborse alzano il muro di gomma basta andare in un comando di Polizia o dei Carabinieri e loro faranno quanto deve essere fatto.Ma se poi invece che andare a denunciare si preferisce tirare la giacca al politico di turno...non lamentiamoci poi di quello che abbiamo.

Una casta di portaborse eletta in collegi blindati come quella che si divide la torta sarebbe inevitabilmente ridimensionata.

158 miliardi spesi in 7 anni in IVA genererebbero da soli quanto Brussels ci chiede di tagliare...non ci fa riflettere?

Ogni commento e´superfluo...dato che 158 miliardi senza costi sono un incentivo piu´che razionale per essere ottimisti.

Paolo Dealberti ©2014 (e´consentita la riproduzione integrale gratuita ad uso non commerciale a patto che si citi l´autore e la fonte con un hyperlinlk attivo)

Parlare sempre, dire mai.

13 Popolazioni, milioni di persone che stanno troppe bene per cambiare.Per ogni Popolazione in media 1 Italiano ogni poche decine. Possibile che non ne conosciamo uno? Possibile che non abbiamo mai beneficiato di questa conoscenza?

Parlare di riforme della magistratura toccando due settimane di ferie ed amici, parenti e nominati ricevono 5 avvisi di garanzia. Non vi è alcun legame ma certo è che meno se ne parla,oltre il doveroso citarlo in cronaca il giorno dopo, e più si è sicuri che tutti quelli che trovano giovamento ad evidenziare la coincidenza si ritrovino con un pugno di mosche in mano.

Tutti ... nei vari contesti dove questo capita.

In merito alle tangenti pagate per conseguire contratti in mercati esteri e salvare occupazione in casa,(un dettaglio che è bene ricordare), nei paesi civili o viene posto il segreto di stato,(UK),o si indaga molto ma molto blandamente,non se ne parla in prima pagina e nessuno questiona il governo,(Germania,Francia).

Invece che portare il dibattito sulla demagogia e,(quindi volutamente),parlare del nulla anziché dire qualcosa il sindacato dovrebbe,(?umilmente),chiedersi dove era mentre proliferava il popolo dei "COCOCO & Partita IVA". Cosa significhi poi essere Tacheriano domandiamolo a chi preferisce emigrare a London anzichè a Milano, Firenze, Bologna, Torino, Napoli ... .

Non si negano errori e tragedie ma se il Regno Unito da una generazione ha in media lo sviluppo più elevato con la minore disoccupazione allora ,forse, le evoluzioni della rivoluzione Tacheriana non sono cosi bestiali, no?

Anche considerando che il tanto decantato modello Tedesco che porterebbe i Sindacati nei CdA ha generato più di 4 milioni di persone che risultano non-disoccupate a 450€/settimana per non meno di 20 ore di lavoro senza pensione e copertura welfare. Certamente un grande successo dei sindacalisti nei CdA che con almeno 4 milioni di lavoratori rendono il Made in Germany competitivo. In altre parole: se si pagano non meno di 4 milioni di persone 450€/mese a cosa serve ri-dislocare in Romania?

In questo modo i sindacalisti nei CdA hanno una limousine piu´grande con i costi risparmiati.Chissa´cosa invidiano i Sindacalisti nostrani? 4 milioni di non-disoccupati a 450€/mese o le limousine da CdA?

Ed intanto ogni giorno perdiamo in ogni Provincia piu´di 570.000€ di F.di EU non usati, colpa della Teacher? Perche´non parliamo di questo ... il non volerne VOLUTAMENTE parlare ricorda le diatribe ideologiche degli anni ´70 dove illuminate menti si chiedevano se Tex Willer fosse di destra o di sinistra.

E mente le miglior menti dell´intellighentia Italica dissipavano il loro elevatissimo quoziente intellettivo in "cotanto disquisir su Tex Willer" dei ragazzotti scrivevano una tesi da cui nasceva internet od in un garage creavano la Apple o la Microsoft ... che dire?

Pensiamo di essere a Torino in auto sulla circonvallazione. Possiamo andare a Milano od andare all´aeroporto e volare con un low cost fino a Londra. Il tempo e´lo stesso ed i costi se consideriamo benzina, autostrada e parcheggio di equivaglono. Siamo indecisi e googliamo per vedere cosa ci offre per la sera culturale la mirabolante Milano dell´Expo 2015 e della fantasia Italica ineguagliata ed ineguagliabile e poi cosa ci viene offerto a Londra... Beh, onestamente, dove pensiamo di andare ? Non certo a Milano,no? E´Tacherismo questo?

No comment...of course.

Abbiamo elencato una serie di "simpatici" esempi che ci descrivono come sia bello parlare invece che dire.

Andiamo oltre tenendo a mente che gli anti-Teacher se appena possono mandano i figli a studiare a Londra,e molti di loro possono. Non e´Tacheriano ,questo?

Andiamo oltre tenendo tutto questo sullo sfondo ed oggi parliamo **di 13 Popolazioni Sociali in Italia che non hanno alcun interesse a che le cose cambino**.

Ovvero, il vero blocco.

Popolazione 1 che sta´ bene e che non ha alcun interesse a che le cose cambino:

- un milione di Italiani vivono di politica. Se consideriamo un nucleo medio di 3 persone per famiglia sono circa il 5% della popolazione

Popolazione 2 che sta´ bene e che non ha alcun interesse a che le cose cambino:

-in Italia circa 3 milioni di uomini e donne pagano per avere sesso. Visto il costo medio di una prestazione e´ difficile che siano tra i 7 milioni di Italiani a 800€/mese o tra i milioni a circa 1.300€/mese.

Ovvero,(togliendo i minori e gli ultra sessantenni),in media 1 ogni 10 Italiani compra regolarmente sesso.

Popolazione 3 che sta´ bene e che non ha alcun interesse a che le cose cambino:

-vi sono circa 100.000 auto dal valore di piu´di 100.000€ importate ogni anno.Poi consideriamo le auto fino a 40.000€. Ovvero 1 ogni 150 Italiani

Popolazione 5 che sta´ bene e che non ha alcun interesse a che le cose cambino:

- secondo La Stampa di Torino in una citta´del sud del Piemonte vi e´ , in media, 1 persona ogni 737 che ha abusato delle domiciliazioni fiscali offshore. Un dato campione estendibile ad ogni provincia Italiana

Popolazione 6 che sta´ bene e che non ha alcun interesse a che le cose cambino:

- alla fine della giornata poi non e´cosi´vero che ogni Provincia perda piu´di 570.000€/giorno dato che "gli amici di merenda Tutti-partisan" ci vivono alla grande.

Popolazione 7 che sta´ bene e che non ha alcun interesse a che le cose cambino:

-le decine di eletti e leaders politici che parlano di democrazia e gap di legittimità elettorale sono i primi a non essere coerenti con le loro parole.

NESSUNO di loro e´mai stato eletto in un collegio che non fosse blindatissimo o che non sara´blindatissimo: **ma di che legittimità parlano?**

Si facciano la loro bella scissione con partitino che non vota nessuno e,(finalmente), se ne vadano a vivere di vitalizio. Di certo costeranno ma questa soluzione alla Menji almeno li toglierà dalla circolazione ed alla fine ci costeranno meno!

Appartengono tutti alle "belle anime" nate leaders, colte ed intelligenti,(solo loro),per comandare.

Se vincono si deve rispettare la maggioranza dato che siamo in democrazia = comandano loro. Se perdono bisogna evitare la deriva populista della maggioranza e fare quello che dicono loro dato che sono la minoranza colta e pensante.

Gli altri sono idioti...no?

Eh,no...gli altri sono gli autodidatta della vita che ogni mattina pagano anche i loro stipendi.

Popolazione 8 che sta´ bene e che non ha alcun interesse a che le cose cambino:

- le leadership imprenditoriali che hanno incassato piu´di 400 miliardi di utili in 10 anni ma non investito.Forse che non hanno di proprio i soldini per investire? Sono dei capitalisti socialisti che hanno bisogno dello stato per investire?

Popolazione 9 che sta´ bene e che non ha alcun interesse a che le cose cambino:

-il mondo della leadership delle Cooperative Tutti-partisan che chiede "contributi" per far lavorare. NON parliamo poi della facilita 'di non garantire le coperture "alla Art. 18" ed i giochini fiscali...

Popolazione 10 che sta´ bene e che non ha alcun interesse a che le cose cambino:

-le burocrazie di realta´sempre piu´auto-referenziate che non vogliono essere accorpate, sciolte, (anche qui moltiplicare sempre per un nucleo familiare di almeno 3 per avere una idea di quanto incidano sulla % della popolazione. Questa e´la sola statistica sociale che conti!)

Popolazione 11 che sta´ bene e che non ha alcun interesse a che le cose cambino:

-i milioni di Dipendenti Statali che vedono la possibilità di essere licenziati come un crimine contro l´umanità´, (anche qui moltiplicare sempre per un nucleo familiare di almeno 3 per avere una idea di quanto incidano sulla % della popolazione. Questa e ‘la sola statistica sociale che conti!)

Popolazione 12 che sta´ bene e che non ha alcun interesse a che le cose cambino:

-tutto il mondo che sa che per diritto di nascita ha un posto in un "Albo di Categoria",(anche qui moltiplicare sempre per un nucleo familiare di almeno 3 per avere una idea di quanto incidano sulla % della popolazione. Questa e ‘la sola statistica sociale che conti!)

Popolazione 13 che sta´ bene e che non ha alcun interesse a che le cose cambino:

- le rilevazioni sui campioni di urina nel Delta del Po parlano di milioni di persone che mensilmente fanno uso di cocaina….cocaina ,ovvero per "sballarsi".

13 Popolazioni Sociali, ovvero solo e semplicemente milioni di persone che stanno troppe bene per cambiare.

Per ogni Popolazione in media 1 Italiano ogni poche decine.

Possibile che non ne conosciamo uno? Possibile che non abbiamo mai beneficiato di questa conoscenza?

E così certi atteggiamenti divengono costume sociali e non abbiamo bisogno di scomodare la violenza dei modelli di Hollywood o la depravazione di certe chat in Internet... eh no ... la mondezza che inizia dal giardino del vicino e non puzza meno della nostra.

Da questo blocco a cui tutti noi partecipiamo profittandone direttamente , (facendone parte),od indirettamente, (beneficiando del legame con chi ne fa parte), nasce il problema culturale che blocca questo paese.

A noi la soluzione... senza proclami...con piccole azioni ogni giorno. Confidando nell´ottimismo razionale che come essere umani siamo anche essere sociali.

Paolo Dealberti©2014 (e´consentita la ri-produzione integrale non a fini commerciali citando sia l´autore che la fonte con un hyperlink attivo)

Il vuoto ed il pieno

Immaginiamo un costo di 2.500€/mese cadauno,(un reddito elevato dati gli standard attuali del Paese),con un costo di 1 miliardo € mese si puo´pensionare da oggi tutta la leadership che blocca il Paese. Se la cifra puo´sembrare assurda pensiamo che un assessore regionale guadagnaalmeno 10.200€ mese e se si sommano i costi di queste persone piu´quelli dei danni che creano ... di certo superiamo enormemente questa cifra.

In un articolo pubblicato un paio di settimane fa´ avevamo posto una serie di domande e nel farlo siamo stati i primi in Italia a mutare in costante nell´equazione politica quella che fino a quel momento era una variabile considerata marginale:l´elezione del nuovo Presidente della Repubblica.

Le date di pubblicazione sia ne IlNazionale che in Reteconomy sono li´a dimostrare che noi lo avevamo fatto prima del famoso annuncio del Presidente Napolitano e per questo abbiamo lasciato i commenti ex-post ad altri.

LA7 in Ombibus ha meritatamente pubblicizzato l´ultimo libro di Giorgio Dell´Arti.

Un romanzo pregievole per quello che lascia intendere parlando di un golpe.

In primis dal titolo „I Nuovi Arrivati" = INV = si puo´anche leggere come „I Non Votanti"... .

In questo romanzo si trova anche la conferma della giustezza di alcune osservazioni correlate alle domande dell´articolo precedente. In merito la prima constatazione e´relativa alla di-sintermediazione dei Soggetti Sociali Intermedi nella nuova fase di statualizzazione.

La tipologia del golpe descritta e´quella classica in un paese a basso livello di sofisticazione dei Soggetti Sociali intermedi,(Luttwak 1983).

Un punto interessante dato che conferma che l´Italia si trova in questa situazione ed e´bene chiarire sia il perche´e cosa significa.

L´Italia e´uno degli hot spot planetari come esempio in fase avanzata di evoluzione nel processo di mutazione delle forma di statalizzazione come ennesima evoluzione delle forme di stato post pace di Westphalia.

Quindi e´ normale che esista una forte de-intermediazione dato che i Soggetti Sociali Intermedi,(SSI), sono inadeguati nella loro forma attuale e sempre piu´ non solo delegittimati ma anche sempre piu´ incapaci di auto-legittimarsi nel contesto della loro democrazia burocratica.

Non e´ un caso che si assista ad un fiorire di libri, articoli, talk show che colpiscono „gli altarini" di tanti soggeti dal sindacato ai politici di sinistra,alle Cooperative come pure NGO ed intellighentia varia."Altarini" in merito a cui,come nel 1992, „cadono dal pero" in troppi auto-proclamati „esperti H-24" mostandosi sorpresi di quello che ... accadeva fino a ieri ed accade anche oggi.

Ma davvero , come nel 1992, non lo sapevano prima dell´ennesimo 8 settembre? (ed in questo ci condorda con il titolo dell´ultimo libro di Vespa) ...

Il tutto,come ovvio, si innesta poi all´interno di sub-e-micro processi sintetizzabili nella conflittualita´di potere tra correnti e correntine e tende a perdersi nella micro-conflittualita´del quotidiano.

Il dato chiave e´ che questi SSI sono deboli di per se´ ed in via di rapida ed irreversibile via di delegittimazione perche´si sono auto-delegettimati da soli. Si puo´ sintetizzare il tutto con la seguente immagine: „una marcia delegittimizzante dei 40.000 generalizzata".

Ma attenzione questo non vuole assolutamente dire che non vi sia piu´ bisogno e domanda di SSI ma „solo e semplicemente" che vi e ´ dal basso, dalla Societa´ , una domanda sia verso nuovi SSI come puer verso nuove leadership dei SSI tradizionali.

Nuovi sia nella composizione che nella forma e quindi piu´idonei alla nuova forma di statualizzazione in definizione. Un forma che si sintetizza con questo slogan : **„ morto lo stato, viva lo stato"**.

Da sempre le forme sociali organizzate hanno avuto forme statali e quella a cui si assiste e´solo la mutazione dello stato in un´altra forma.

Il tutto in un vuoto a cui la Legge di Stabilita´2015 non porta molte soluzioni,(per una analisi puntuale della legge si rimanda a quanto trasmesso su Reteconomy in „ Buongiorno Economia Le regole del gioco" il 22 novembre).

In una nazione con un livello di SSI piu´complesso,come sara´ nuovamente l´Italia alla fine di questo processo,un golpe come quello del romanzo sarebbe destinato a fallire clamorosamente per l´attivazione di „anticorpi‟ socio-politici.

Un altro elemento interessante e´che sebbene gli indefiniti „nuovi arrivati‟ usino sistemi estremamente violenti,(utilizzando un Not State Actor come delle Private Security Forces straniere),il governo non possa fare a meno di un 1.000.000 di persone che lavorino nella burocrazia.

Un numero che non e´frutto della fantasia ma che „stranamente‟ ricalca quanto derivabile da un report UIL del 2013. Un numero che abbiamo ampiamente usato piu´volte per definire una delle 13 Popolazioni Italiane che non vogliono cambiare. Ovvero,milioni di Italiani.

Anche qui un vuoto… .

Nell´ultima settimana l´evento politico piu´interessante dopo l´annuncio del Presidente Napolitano e´quello della Lega Nord che non si costituisce come parte civile contro Bossi.

Questo ha chiuso la conflittualita´interna al partito in un modo che Renzi non ha ancora saputo fare con la minoranza del PD.

Ovviamente il „chiuderla‟ vuol dire che da un lato Salvini puo´pensare di essere piu´forte e dall´altro gli (a questo punto)ex-Bossiani possono muoversi meglio.

Visto che Salvini a fine mese si candida ad essere il nuovo,(ennesimo),punto coagulante del centro destra e´una dato non da poco.

Un altro esempio di spazio di manovra nel vuoto che si potrebbe accentuare se in Piemonte il (per il momento) Renziano Presidente Chiamparino,ovvero il solo vero potenziale competitor di Renzi,potrebbe trovarsi in gossi guai per una lista di coalizione su cui la Magistratura indaga per irregolarita´.

Immaginiamo che la giunta Piemontese in seguito a questo debba decadere... il vuoto aumentera´.

In questo contesto , in questo vuoto il pensare al M5S come l´essere ancora la nuova forza dirompente e´ parlare del passato.

E da dove puo´arrivare il "pieno elettorale"?

Fondamentale e´ accellerare con intelligenza questa fase di de-statalizzazione per arrivare rapidamente ad una nuova forma di Stato che sara´la 4. Repubblica.

Questo richiede un alternarsi di classe dirigente a tutti i livelli.

La rottamazione e la gerantocrazia sono, in questo contesto, patetici quanto inutili slogans... .

Se ne servisse una dimostrazione basta pensare che i „Gerantocratici" Tedeschi sono in media piu´anziani di quelli Italiani ma non per questo la Germania va peggio dell´Italia, anzi... .

Pertanto non e´l´essere „old" in se´e per se´il problema ma lo e´il sistema.

Anni orsono Amato, (futuro candidato di prestigio al Quirinale), ipotizo´una buonauscita per i Parlamentari non eletti.

Fu un peccato che la proposta non sia stata colta ed ampliata.

Ampliata?

Il Giappone Meiji nel perido 1868-73,(Hallyday,1975), ci da´una soluzione concreta quanto fattibile,ovvero?

Il pensionamento di queste leadership a fronte di una prebenda accettabile con la sottoscrizione di un impego a non tornare piu´in politica e l´interdizione ad ogni incarico nel sottobosco delle Fondazioni, Consorzi, Municipalizzate ... .

Fu fatto dai Miji nel 1868 per modernizzare il Giappone dopo la minaccia esogena del Commodoro Perry,(una sorta di „manette d´oro" parafrasando Beck,2000).

La minaccia esogena per l´Italia nel 2014 e´la EU.

La dinastia Miji pensiono´i Daimyo,(nobili),ed i Samurai evitando una guerra civile ed accellerando la destatalizzazione per creare una nuova forma di stato che e´alla base del Giappone del XXI,(ed- ahime´-in cui vi furono i prodromi dell´imperialismo del XX).

I Meiji arruolarono i Daimyo ed i Samurai nel nuovo esercito e nella nuova polizia, finanziarono la creazione di nuove aziende, li arruolarono nella burocrazia ma diedero anche pensioni e titoli di stato a chie usciva di scena per sempre.

Tra Daimyo e Samurai parliamo di circa 400.000 persone su circa 16 milioni di abitanti,(**ovvero il 2.5% della popolazione**).

In Italia si puo´fare lo stesso mettendo in pensione un numero equivalente di persone.

Immaginiamo un costo di 2.500€/mese cadauno,(un reddito elevato dati gli standard attuali del Paese),con un costo di 1 miliardo €/mese si puo´pensionare da oggi tutta la leadership politico-butrocratica che blocca il Paese.

Se la cifra puo´sembrare assurda pensiamo che un assessore regionale guadagna almeno 12.000€ mese e se si sommano i costi di queste persone piu´quelli dei danni che creano ...di certo superiamo enormemente questa cifra.

Le immagini degli ennesimi smottamente dopo le pioggie di questi giorni ne sono una conferma,no? Ed e´solo un piccolo esempio come lo sono i piu´di 300 milioni di € risparmiati con la sola centralizzazione degli acquisti delle strisce per la misurazione glicemica,(una punta piccolissima di un iceberg di dimensioni planetarie)... . Se pensiamo a tutti i risparmi che si avrebbero si vede che trovare il denaro per pensionare i Daimyo Italiani sia l´ultimo dei problemi.

Non dimentichiamo poi che si puo´utilizzare quanto ad oggi accantonato per i vitalizi „baby" di molti di questa leadership rigorosamente tutti-partisan

Poi sarebbe uno stimolo per creare un Fondo Sovrano Italia basato sui beni del demanio e culturali che con una resa media in standard con quella degli omologhi puo´senza problema generare le risorse necessarie al pensionamento dei Daimyo Italiani.

E questo sarebbe un bel...pieno considerando che il maggior problema Italiano del momento non e´ il vuoto fisiologico in se´ al processo di mutazione della statualizzazione quanto piuttosto quello di

mancanza di visione e progettualita´ che emerge ogni giorno.

Un vuoto che si e´vissuto in altri tempi recenti, ci siamo dimenticati di cosa fece credere a Gelli di riuscire in un golpe bianco che si sviluppava con un approccio Gramsciano sofisticatissimo?

E´bene ricordarcelo … .

Fantasia?

In un momento di vuoto tutto e´possibile, basta prendere l´iniziativa e questo si´che e´molto pericoloso.

Paolo Dealberti©2014 (e´consentita la riproduzione integrale senza fini di lucro a patto di citare l´autore e la fonte con un hyperlink attivo)

Gli ultimi ed i penultimi

Il passato? Eh si, l´incuranza di chi c´era prima.A dire il vero suona un po´stucchevole e non si capisce come mai tanti raffinati editorialisti non facciano questa domanda: **ma quando finisce il passato?** *Ovvero quando abbiamo di fronte , come nella stragrande maggioranza dei casi, una leadership al secondo se non terzo mandato...a quale passato si riferiscono?*

A sentire tutti la colpa e´del passato e del presente. Ovvero?

Se la citta´dell´Expo diletta il mondo con gli spettacoli acquatici delle fontane di guano da tombino intasato degni del miglior urban design Italiano o se la Riviera dei Fiori sprofonda mentre la Cote d´Azur sotto la stessa quantita´d´acqua fiorisce ... .

Se le periferie esplodono... .

Se la citta´Capitale della Cultura ha una stazione ferroviaria cosi´bella che e´un peccato rovinarla coi binary

.... Se... Se... Se... .

Per ogni „se" si trova sempre un alibi.

Se questo ed altro accade l´alibi lo abbiamo gia´trovato: e´colpa del passato e del presente a sentire le leadership politiche , amministrative ed intellighentie varie.

Il passato? Eh si,l´incuranza di chi c´era prima.

A dire il vero suona un po´stucchevole e non si capisce come mai tanti raffinati editorialisti non facciano questa domanda:**ma quando finisce il passato?**

Ovvero quando abbiamo di fronte ,come nella stragrande maggioranza dei casi, una leadership al secondo se non terzo mandato...**a quale passato si riferiscono?**

E da qui verrebbe naturale una seconda domanda chiave: **visto che „lei“ e´un leader politico od un manager in carica da X anni cosa ha fatto nel suo presente?** (ovvero da quando in carica)

Ed ecco la seconda parte del portentoso alibi che ormai spopola con accreditamenti a manca come a destra.

Il presente? Eh si, i cambiamenti climatici.

Con una tecnologica infinitamente meno sviluppata l´umanita´ha superato delle miniglaciazioni, (l´ultima ad inizio Rinascimento),e da millenni controllato il corso dei fiumi per irrigare come pure ha creato canali fluviali per la navigazione , controllato il territorio montano per evitare le frane, evitato di sprofondare nel mare in Olanda ... etc.etc. Una scusa un po´ naif, no?

Ma lasciamo questo sullo sfondo.

In una puntata del suo spettacolo televisivo Crozza ha cantato una canzoncina ironica che parlava del piccolo fascista in ognuno di noi. Mentre l´ascoltavo mi e´venuta in mente la prima pagina di un libro di Beck,(*Mach und Gegenmacht im globalen Zeitalter.Neue weltpolitische Ökonomie,2002*),in cui rilevava come fosse la destra ad avvantaggiarsi della crisi.

E nel farlo mi e´venuto in mente un report dell´intelligence Tedesca che nel 2007 informava il Governo di Berlino che la forma partito era superata.

Nel 2007 in Germania, il tutto si commenta da solo.

Mente ricordavo questo mi sono chiesto come mai non cantasse a riguardo del piccolo comunista in oguno di noi?

La risposta era implicita:nel momento di massima degenerazione della brutalita´capitalistica da decenni le forze di sinistra non convincono.

E´il populismo di destra e non quello di sinistra che cavalca le piazze.

Why?

Ovviamente come per le fontane di guano la colpa e´sempre di qualcuno e qualcosa e gli auto-referenziati a collegio blindato e prebenda assicurata hanno sempre ragione e mai colpe.

E´un problema culturale ci dicono, ma come e´possibile se da sempre sono loro, (e solo loro),la cultura.

Dalla televisione „tette-e-culi" al complotto plutocratico gli alibi abbondano. Come per le fontane di guano e le periferie che esplodono,no? Eh,si.

Ovviamente ed altro non potrebbe essere visto cotanto ingegno al nostro servizio,no?

Lasciamo sullo sfondo anche questo ed ognuno creda alla causa che vuole visto che milioni di Italiani in 13 differenti Popolazioni TUTTI-partisan non hanno alcun interesse a cambiare e quindi sono ben felici di bersi qualsiasi alibi che preservi il loro status quo.

Noi crediamo nell´ottimismo della razionalita´e continuamo a credere negli autodidatta della vita che ogni mattina fanno girare le cose.

Noi ,che siamo abituati a non perdere tempo a parlare ma ad utilizzarlo dicendo.

Con tutto questo sullo sfondo torniamo a quanto detto in un articolo.

Si era proposto un pensionamento forzoso di queste elites TUTTI-partisan sul modello die Meiji in Giappone che, nel XIX,pensionarono una elite di 400.000 persone su una popolazione di 16 milioni.

Se questa soluzione puo´sembrare troppo „giacobina" ne abbiamo un´altra che riguarda la Costituzione.

Nel 1924 Sun Yat-Sen scrisse „Il funzionamento della macchina statale" asserendo che la gestione di realta´ complesse e sofisticate come gli stati moderni Post-Westphaliani richiedevano una costituzione che regolamentasse Cinque Poteri.

Cinque Poteri?

Noi siamo abituati a tre, ovvero il legislativo, giudiziario e l´escutivo. A questi tre poteri il pensatore politico Cinese agguingeva:la burocazia ed i controllori.

Il tutto si innestava sui quattro diritti politici del popolo: il diritto di voto,quello di revoca, quello di iniziativa e quello al referendum.

Visti i „colli e controcolli di bottiglia" che bloccano l´Italia nella forma di competenze sovrapposte quanto indefinite e,soprattutto,sembrerebbe indefinibili viene da pensare che Sun Yat-Sen possa essere un modello.

Ovvero che la nostra Costituzione inizi ad essere strutturata pensando alla realta´di un mondo complesso basato su 5 e non 3 poteri.

Il Potere dei Controllori non puo´essere lasciato alla giustizia amministrativa del TAR.

Illuminanti le parole di Ceccarelli,*(Azienda maledetta azienda.Perche´l´Italia non puo´sopravvivere se non torna a fare impresa,2012),"Il pubblico rischia di avere bisogno di rivedere i suoi strumenti di gestione ancora piu´del privato. Pensiamo ad un consiglio comunale appena eletto che deve interfaccairsi con funzionari comunali che sono stati assunti e nominati da amministrazioni precedenti: a dare retta alle idee propugnate qualche anno fa, quelle di un spoiling system totale-cambia l´amministrazione ,tutti a casa- si distrugge qualsiasi continuita´di gestione. Nessuna esperienza positiva e´salvaguardata, occorre ricostruire un sistema di gestione da zero ogni volta:fortunatamente in pratica non e´quasi mai successo.Ma solo il fatto che quest´idea,a livello politico,sia stata propugnata ha prodotto discontinuita´della gestione, spesso gravi,in molte amministrazioni,con fenomeni di bandwagoning-funzionari pronti a saltare sul carro del vincitore,magari cercando di usurpare funzioni di altri o di allargare la loro sfera di potere-di scollamento fra gestione politica e amministrativa quando non l´impossibilita´di intervenire per sanare fenomeni di gestione inefficare o scorretta per non incorrere nell´accusa di „vendetta politica"....Da anni si parla di unariformita´ dei regolamenti parlamentari.I politici non sono mai riusciti a mettersi d´accordo neppure sui metodi di fondo su cui basarsi..."*

Lo stesso dicasi per le burocrazie.

Se il pre-consiglio dei Ministri vale quasi ,se non piu´,del Consiglio dei Ministri e´"solo" perche´le burocrazie inviano dello human power che mediamente SURCLASSA i talenti dei politici che fanno i ministri.

Ne´piu´e ne´meno.

Quindi il considerare i Grand Commis,(dal livello di Vice-prefetto ed equivalenti in su),come un potere reale con le sue prerogative ma anche con i relativi bilanciamenti e´una soluzione logica quanto efficace.

E nel farlo ri-dare voce a tutte quelle vere eccellenza che fino ad ora si sono viste la strada bloccata per il fatto che „ conoscevano le cose da farsi" ma - aihme´- non conoscevano il „chi" giusto per far carriera.

E quindi considerare la burocrazia nella Costituzione come un 5. potere da rapportarsi agli altri.

Un approccio di questo tipo consentirebbe di risolvere tante , troppe distorsioni e rendite di posizione autolegittimate che bloccano il Paese Reale.

Viene,quindi, da chiedersi se abbia ragione il Professor Galli della Loggia quando dice che siamo come nel 1993?...Uhmm no...come nel 1991 verrebbe voglia di dire.

Troppo facile rispondere con un si.

Siamo nel 2014... siamo altro.

E questo altro richiede altre risposte che non possono venire se non dalla convinzione che un ottimismo della razionalita´puo´farci guadare oltre le fontane di guano da tombimo intasato per vedere l´Italia che-nonostante questo guano-riesce ancora ad essere il secondo paese piu´industrializzato in Europa, il settimo mercato mondiale della Germania,il secondo paese al mondo per qualita´dei distretti industriali.

In merito,e per capirci, uno slogan pubblicitario.Ci parla di come noi si sia all´avanguardia in EU nell´abbattimento dei pesticidi e finisce chiedendosi come sia bello per una volta sentirsi i primi della classe.

Il punto e´che non lo sa nessuno, ma come mai i lautamente pagati Guru della comunicazione del Governo non urlano ai quattro venti realta´come queste?

E cosi´non lo sa´nessuno...e la lista e´lunga e parla di un bicchiere mezzo pieno.

Quello che conta e´come ci vedono gli altri...*possibile che sappiamo solo mandare immagini di guano?*

Paolo Dealberti© (e´consentita la riproduzione integrale non a fini di lucro con la condizione di citare l´autore e la fonte con un hyperlink attivo)

Italia, paese povero?

No, POVERO PEASE!

Qualcuno stima in un trialiardo di euro il valore complessivo dei beni del demanio e di quelli artistici non in mano a privati e per quanto stiamo scrivendo vogliamo usare una stima cosi´ prudenziale e conservativa da immaginare che il valore sia „solo" di 300 miliardi di €,(per avere un termine di paragone il fondo sovrano piu´ ricco al mondo e´ quello Norvegese con circa 600 MLD € di capitale gestito).

Nonostante piu´ di un decennio a crescita zero o negativa dove una classe politica si riduceva gli stipendi ma non i vitalizi mentre una imprenditoriale si portava a casa non meno di 400 miliardi di utili senza investire ed una sindacale si spartiva un miliardo di euro/annui di finanziamenti sentendosi offesa e denunciando che la democrazia fosse in pericolo se qualcuno chiedeva di rendicontare su come venissero spesi, nonostante questo **l´ Italia e´ ancora le terza economia della EU ed il secondo paese piu´ industrializzato del continente dopo la Germania.**

Dovrebbe far pensare ma invece tristemente persi nella metastasi del pessimismo irrazionale, ormai asceso a cultura e scelta di vita, non avviene.

Non ci si riflette sopra ed e´ un vero peccato perche´ se lo facessimo si scoprirebbe che **l´ Italia non e´ un paese povero ma un povero paese!**

Un paese che arranca ma che continua a muoversi in un contesto sempre piu´ difficile e questo grazie al residuo **consenso di cittadinanza,**(che va ben oltre il votare il piu´grande partito Italiano, il **PDNV= Partito Dei Non Votanti**),nel contesto di una re-risponsabilizzazione.

Un contesto che si basa sulla leadership di prontezza che diventa l´anticorpo culturale degli **autodidatta della vita**.

E si scopre che esiste un bicchiere mezzo pieno, a dire il vero oggi pieno si e no´al 40% e sulle cui spalle grava e gira tutto il paese.

L´Italia soffre della della classica „ **Middle Size Country Syndrom**",(la Sindrome del Paese di Medie Dimensioni).

Pertanto e´impensabile che possa vivere specializzandosi solo su alcune produzioni di beni o servizi ed allo stesso tempo non ha risorse minerarie generanti reddito. Il tutto si complica per il fatto che non ha la massa critica di risorse/mercato interno per competere con i paesi di grandi dimensioni.Oltre all´Italia vi sono circa altre 30 nazioni in queste condizioni.

In queste condizioni serve poco avere qualche Top Brand,(specialmente poi se sono sempre piu´ di proprieta´ straniera e che, quindi, portano gli utili e gli investimenti altrove).

 Specialmente poi se la realta´e´composta da galassie di micro-aziende che non hanno risorse a casua del loro essere piccolo che ,in questo caso, non e´poi cosi´bello.

Serve a poco,quindi,vantarsi come fanno nel Veneto di essere il maggior fornitore Europeo di IKEA.

Serve a poco per le seguenti ragioni:

-IKEA non usa il fatto di avere una parte della produzione Made in Italy come elemento che ne accresca la percezione qualitativa

-la percezione qualitativa deriva dal fatto che vi sia sempre e comunque un designer,(non Italiano),dietro al mobile sulla cui qualita´garantisce il marchio non Italiano. Poi al Cliente poco importa de questo mobile sia uno di quelli Made in Italy od in Cina od in Vietnam dato che e´ di IKEA e disegnato da un Designer ed e´ solo questo conta

-se non avessero IKEA come Cliente questa aziende ,i loro distretti, non venderebbero e questo **nonostante il fatto di essere di qualita´ Made in Italy...fa male dirlo ma e´la verita´**

In altre parole,senza IKEA **sarebbero piccole realta´ sottodimensionate e sottocapitalizzate** non in grado di fare R&S, di fare Interior Design e meno che mai di fare marketing internazionale.

Lo sanno benissimo anche i produttori di kiwi e pesche del Cuneese che si ritrovano con circa 11.500 ettari allo sbando senza che nessuno abbia mai pensato di creare un consorzio in grado di generare la percezione ed il valore aggiunto di una brand come, invece, e´accaduto con le mele in Trentino.

E la lista di esempi e´lunghissima e non risparmia nessuno.

Ma sono le realta´che funzionano ed i **distretti Italiani, (i Clusters), sono considerati qualitativamente come i secondi al mondo dopo quelli di Taiwan.**

Negli anni ´90 questi Clusters erano studiati in tutto il mondo,(basta ricordare Porter della Harvard Univ.),e citati come esempio,(e qui basta ricordare su tutti l´ex-presidente Clinton),ma oggi,(e nonostante siano i N.2 al mondo come qualita´),non li percepiamo come tali.

E se non li consideriamo noi come tali perche´persi nella spirale deleteria del „bicchiere mezzo vuoto" come possiamo pensare che all´estero vengano considerati come tali?

Ovvero,come possiamo sperare di avere credito?

Credito che si trasformi in investimenti diffusi e generalizzati e non solo mirati su alcune Top Brand.

Ma poi ,ed ancora, si viene a scoprire che il bicchiere non e´poi cosi´mezzo vuoto se nel 2013 le PME Italiane non quotate hanno raccolto in giro per il mondo almeno 8 miliardi di euro emettendo obbligazioni per auto-finanziarsi.

Ma di questo ,anche di questo, non se ne parla quasi fosse una vergogna o piu´ semplicemente perche´ lederebbe troppi interessi bi-partisan,quanto auto-referenziati, impegnati nel teatrino del „tutto va male ed andra´sempre e solo peggio".

Li lederebbe dando una immagine positiva che contrasta con **la liturgia della paura del futuro** che vogliono fare passare come la sola,dogmatica,verita´.

Ma andiamo oltre dato **che a questo Paese serve solo un piccolo segnale degli auto-refenrenzianti che compongono fin troppe classi dirigenti in modo che gli auto-didatta della vita possano esprimersi al meglio.**

Partiamo da quello che gia´abbiamo ed usiamolo.

Prendiamo,ad esempio, il partimonio del demanio e dei beni culturali di cui nessuno sembra poter conoscere il valore esatto.

E pensiamo di usarlo in maniera produttiva integrandolo con parte dei 158 miliardi di € dei F.di EU.

Andiamo con ordine: **Fondi Sovrani di Investimento**.

Sono realta´controllate dai governi in cui sono investiti risorse da usarsi in futuro per le pensioni ed il welfare.

Queste risorse sono i profitti generati da risorse naturali quali il petrolio od il gas. A questo punto sembrerebbe impossibile averne uno in Italia data la mancanza di risorse naturali.

Sembrerebbe appunto perche´,in realta´,non e´cosi´dato che dire che l´Italia non abbia risorse naturali equivale ad essere molto ma molto miopi.

Le nostre risorse naturali sono il patrimonio culturale,(il 3. al mondo dopo quello Cinese e Spagnolo),e quello ambientale ed e´appunto li´che possiamo trovare le risorse per capitalizzare un fondo sovrano.

Come?

Qualcuno stima in un **triliardo di euro** il valore complessivo dei beni del demanio e di quelli artistici non in mano a privati e per quanto stiamo scrivendo vogliamo usare una stima cosi´prudenziale e conservativa da immaginare che il valore sia „solo" di 300 miliardi di €,(per avere un termine di paragone il fondo sovrano piu´ricco al mondo e´quello Norvegese con circa 600MLD€ di capitale gestito).

Per trovare le prime risorse possiamo pensare alle cessioni/concessioni demaniali ed una percentuale dell'importo puo'essere convogliate nel fondo,(ad esempio come per le spiagge delle costa Romagnola in cui moltissime concessioni sono in scadenza nel 2015).

Ma,ed ovviamente, la stragrande maggioranze delle risorse verra'dal conferimento dei beni al fondo.

Fondo che poi, e per statuto, ovviamente veicolera'una parte degli introiti al mentenimento dei medesimi.

La terza compnente di risorse viene dai 158 Mld€ di fondi EU che non hanno costo,non impattanto sul fiscal compact come pure neanche sullo spread.

Un parte ingente di questa cifra puo'essere indirizzata in settori sinergici e complementari alla gestione sia del patrimonio artistico che ambientale e qui si potrebbe stornare una parte dell'IVA per il fondo.

Questo **Fondo Sovrano Italia** cosi'concepito sarebbe il primo al mondo nel suo genere ma e'certo che poi in molti ci copieranno.

E'ragionevole aspettarsi che questo fondo possa guadagnare nella media dei suoi omologhi,(nel 2013 il 15% su base annua).

Vi sono poi **due avvertenze chiave** da porre alla costituzione del medesimo per evitare che diventi l'ennesimo „baraccone di amici & Co.".

La prima,al pari del fondo Norvegese come pure di altri, il divieto assoluto di investimento in Italia.

La seconda e'che sia amministrato dalla Banca d'Italia.

La gestione del fondo dovra´essere improntata a ferrei parametri etici per quanto concerne gli investimenti,(ad esempio non in industrie di armamenti o che hanno comprovati record negativi in merito al rispetto dell´ambiente o nell´uso della manodopera).

Le risorse generate andranno ad equilibrare la gestione delle pensioni ed **in pochi anni riempiranno il buco nero delle pensioni baby finendo col porre in totale sicurezza le pensioni del futuro,**(se non col tempo,10-15 anni, a portare a regimi pensionistici che non richiedano piu´40 anni di contributi...).

Le risorse ci sono,ovvero il bicchiere e´mezzo pieno e viene da chiedersi come mai non vengano usate.

Ri-responsabilizzazione

Avevamo visto come la metastasi del pessimismo irrazionale abbia generato una cultura della paura che blocca ogni speranza di futuro.

Una cultura che puo´essere vinta solo con l´anticorpo culturale dell´ ottimismo della ragione.Questa paura e´oramai parte integrante della nostra cultura e questo ci porta a rilevare come abbia tragicamente ragione Frank Furedi nel dire che,ormaii,ci si caratterizza in base alla domanda:

"dimmi di cosa hai paura e ti diro´chi sei".

Triste ed inevitabile conseguenza di una generazione di slogans in cui le elites politicamente elette di (centro)destra e di (centro)sinistra si sono differenziate in base al tipo di paure che ponevano e pongono come fulcro della campagna elettorale di partiti personalistici o proto-personalistici.

Nel pratico una dice, ad esempio,di aver paura dei criminali e l´altra dell´ambiente…. .

In questo modo hanno fatto si che,dopo una generazione, la paura sia divenuta parte intgrale del nostro quotidiano in quanto prospettiva di vita in se´.

Prospettiva di vita che i partiti, come pure altri soggetti sociali intermedi, (chiese, sindacati, associazioni di categoria… tutto quel mondo che fa si´che non si possa parlare di Sistema italia ma bensi´di Corporazioni Italia…),**usano come bene di scambio nella quotidianita´ del dialogo sociale.**

Ma a questo punto dobbiamo cambiare per indirizzare il nostro **consenso di cittadinanza** verso altri lidi.

Lidi psicologici e culturali che ci portino a pensare al futuro partendo dal presente.

Sono belle parole e la borderline con la retorica e´molto sfumata ma il tutto ha un fondamento nel presente dove dobbiamo capire come agire partendo da una **ri-responsabilizzazione**.

Ri-responsabilizzazione che inizia ponendoci delle domande sui „blocchi" che, in un contesto di perdurante crisi Etica, hanno preso forma come entita´frenanti.

Il dibattito in Italia si focalizza su due dimensioni chiave che si possono sintetizzare con due concetti :

- gerantocrazia/rottamazione

- nomenklatura/poteri forti

Un dibattito molto sterile in cui,purtroppo,le poche voci che parlano a ragion veduta di un ottimismo della ragione-ad esempio Eco, Ceccarelli- vengono sopraffatte dal frastuono quotidiano degli slogans.

Ma questo lo riprenderemo dopo e per il momento concentriamoci su questi due „mostri" partendo da una ottica di ri-responsabilizzazione.

Iniziamo con „gerantocrazia/rottamanzione".

Un argomento di cui si e´gia´ parlato in Reteconomy per rilevare quanto,in realta´,sia uno slogan se rimane impostato nei termini del dibattito corrente.

Una semplice constatazione lo conferma: **se la gerantocrazia e´ la madre di tutti i problemi qualcuno puo´ spiegarci come mai la Germania con una gerantocrazia di 75-enni in media possa**

regolarmente surclassare l´Italia che ne ha una piu´giovane?

Ogni commento e´superfluo dato che il rispondere a questa domanda non usando slogan da talk-show o da twitt ma usando un´analisi a 360 gradi puo´solo confermare che il problema non sia la gerantocrazia ma,bensi´, il Sistema Paese.

Pertanto non e´il rottamare il problema ma un cambio di prospettiva che metabolizzi la speranza e,soprattutto,la voglia di fare in una dimanica dominata dall **ottimismo della ragione**.

In merito poi alla „nomenklatura/poteri forti" anche qui e´necessario passare dalla paura alla analisi.

Se il pre-Consiglio dei Ministri ha un potere cosi´ampio non e´certo colpa dei *„complottari di turno"* ma di una classe bi-partisan politicamente eletta che non esprime a livello ministeriale il top delle competenze.

Se i Grand-Commis e le loro burocrazie devono **supplire sia al vuoto di competenze che di progettualita´di una classe politica bi-partisan avezza agli slogan la colpa non e´loro ma dei politici.Dei politici e non della politica,ed e´bene precisarlo!**

Verrebbe da dire di non gettare via il bambino con l´acqua calda e qui riprendiamo a parlare di ri-responsabilizzazione.

Ovvero?

Che oguno si prenda le proprie responsabilita´ e,soprattutto, inizi a riempire il vacuum progettuale in modo da ricondurre gli abusi dei Grand Commis,*che solo e solo in quel caso divengono nomenklatura*,sotto controllo e salvi,anzi migliori il resto della burocrazia.

E nel farlo non dobbiamo mai dimenticarci che la burocrazia,come insegna Sun Yat-Sen,e´uno dei poteri da regolamentare al pari dell´escutivo, legislativo e giudiziario per consentire ad uno stato moderno di far fronte alla complessita´che gli e´propria.

Il tutto si esprime con un concetto chiave:

ri-responsabilizzarci !

Ovvero fare al meglio cio´che siamo chiamati a fare e non nasconderci dietro slogan quando non vogliamo/sappiamo farlo. Questo perche´,in questo caso la sola conseguenza e´quella di aprire vacuum che poi altri riempiranno.

Vengono in mente le parole di Ceccarelli come esempio di ottimismo della ragione:"capacita´di **leadership e di prontezza** adottando nuove strategie nella proiezione esterna … e nella organizzazione interna".

Questa leadership e prontezza sono la forma di ri-responsabilizzazione che ci consente di andare oltre le metastasi del pessimismo irrazionale.

Una leadership che tanti Italiani possiedono nella quotidianita´delle loro vite e che deve rivelarsi ora come la sola risposta culturale per un cambiamento all´interno della nostra tradizione,delle nostre tradizioni che ci hanno fatto grandi.

Paolo Dealberti ©2014

(e´consentita la riproduzione integrale non a fini commerciali a patto che venga menzionata la fonte con un hyperlink attivo e l´autore)

Gli Autodidatta della Vita

Ovvero nel mondo reale di persone che con il loro lavoro ed impegno sono i veri ed unici auto-didatta della vita sulle cui spalle ogni giorno gira questo paese.E qui troviamo un´energia che chiede solo di potersi librare conscia che il futuro sostenibile sia qui e che si debba solo andarlo a prendere.

Esiste un´Italia che va ben oltre la dimensione del confronto permanente „**Guelfi Vs. Ghibellini 2.0**" cosi´cara sia ai politici che agli opinionisti che,in questo modo,pensano di avere sia il polso della situazione che essere i trend-setter della medesima.

Peccato per loro che non sia cosi´dato che esiste un´ Italia che non e´ fatta di etichette stantie quanto stereotipizzate ma,bensi´ e fortunatamente,di persone reali.

Ed e´quest´Italia l´unica che conti.

Persone che,come dice giustamente Travaglio,si „**in....no**" piu´che legittimamente se 1 contribuente su 4 evade.

Ma „**in...rsi**" non serve dato che il tragico e´che **un quarto degli Italiani evade perche´ sempre, comunque e regolarmente tanti,(troppi), tra i restanti tre quarti glielo consente prestandosi al risparmio sulle tasse accettendo un lavoro/ lavoretto in nero,quindi colludendo.**

Ovvero? Senza tanti giri di parole: pensiamo davvero che questo quarto di Italiani faccia solo ed esclusivamente business tra di loro e non anche e soprattuto con gli altri 3 / 4 che si „in...no“?

Eh no, e quindi sono i restanti Italiani che gli danno la linfa colludendo anziche´segargli le gambe rifiutando il nero e denunciandoli.

Tutto qui, ed anche se non e´politically correct dirlo di sicuro non e´falsamente ipocrita come troppa retorica in giro.

Retorica come l´accanirsi sugli stipendi dei parlamentari quando secondo la UIL,(2013),**un mlione di persone in Italia vive di Politica SpA. E se consideriamo una media di un nucleo familiare di 3 persone questo significa che circa il 5% della popolazione Italiana vive di politica.**

Retorica come il fare quadrato intorno ad una segretaria di un noto sindacato,(sempre meno espressione del mondo dei lavoratori dato che il 54% degli iscritti sono pensionati e per il resto la stragrande maggioranza sono dipendenti del pubblico),che urla alla minaccia alla democrazia quando un Premier giustamente chiede che vi siano dei bilanci certificati a rendicontare del miliardo di € di contributi annui ricevuti.

Chiedere un bilancio certificato per capire dove/ come vengano spesi quei soldi pubblici non vuol dire uccidere la democrazia ma piu´"semplicemente" rendere piu´difficile a qualcuno il considerare quel denaro come il proprio tesoretto personale.

Retorica come il piano di sviluppo di un´associazione industriale che chiede prebende,(pardon investimenti), dallo stato **mentre negli ultimi 10 anni sono stati**

distribuiti alle proprieta´utili non re-investiti per almeno 400 miliardi di €.

E la lista puo´continuare ma lasciamo sfumare sullo sfondo per riprendere a parlare di Italiani e non di stereotipate etichette utili solo ad attizzare un confronto permanente quanto inconcludente.

Questi Italiani,quelle persone siamo noi!

E questo noi coinvolge e comprende anche quella che si e´sopra definito come retorica dato che in quelle dimensioni vi sono tantissime persone serie quanto preparate ed oneste.Non dirlo vorrebbe dire non solo non essere intelletualmente onesti con noi stessi,(e fare troppo stupidamente di tutta un´erba un facio),ma anche e soprattuto prenderci in giro da soli.

Noi che agiamo ogni giorno ben consci che il futuro sia sempre e solo pragmaticamente ben radicato nel nostro presente collettivo che e´sostenibile solo ed in quanto collettivo.

Si chiama **responsabilita´ alla base della sostenibilita**´ed e´ il concepire il dovere del singolo come *conditio sine qua non* della sosteniblita´ del diritto collettivo.

Una sostenibilita´che soltanto noi che agiamo possiamo generare essendone poi i responsabili.

Quest´Italia che non parla ma dice e che agisce perche´va oltre le etichette confidando in un consenso della cittadinanza delle persone, il solo che conti.

Ma sfortumatamente sembra che questa Italia non esista dato che troppi auto-referenziati non ne parlano.

Quegli auto-referenziati che sono l´anello debole delle nostri classi dirigenti,(politiche, intellettuali, culturali, religiose, economiche, sociali),al di la´degli slogans sulle „gerantocrazie“,“iper-burocrazie“ e „post-rottamocrazia“.

Andiamo oltre e nell´andare oltre andiamo in mezzo alle persone...*on the road* e nel farlo ci si ritrova in un dinamico „*ground zero*“ fatto di esseri umani che confidano in un **ottimismo coscienzioso**,(per citare il Nobel dell´economia 2007 Erik Maskin).

Ovvero nel mondo reale di persone che con il loro lavoro ed impegno sono i veri ed unici **auto-didatta della vita** sulle cui spalle ogni giorno gira questo paese.

E qui troviamo un´energia che chiede solo di potersi librare conscia che il futuro sostenibile sia qui e che si debba solo andarlo a prendere.

Paolo Dealberti©2014

(e´consentita la riproduzione integrale non per fini commerciali a patto che sia menzionata la fonte con un hpyerlink attivo alla pagina come pure l´autore)

La notte; una questione che sa di politica e societa´ (1/2)

Ed è questa la chiave del consolidamento. Se non vi fosse stata la calcolata alleanza delle élite le mafie, intese come mera forma di violenza privata criminale, non avrebbero mai potuto fare il salto di percezione socio-antropologica da organizzazione ad "istituzione."Istituzioni" illegali ma legittimate da un consenso forte quanto indispensabile di altre "istituzioni", queste si legali e costituenti i corpi sociali intermedi.Socialmente si chiama condivisione del potere mentre giuridicamente si definisce collusione.Un esempio di come la legittimazione non richieda la legalità.

Fa pensare il vuoto concettuale del dibattito inesistente sul senso del nostro paese come uno degli hot spot mondiali della sperimentazione creante nuove forme di stato post Westphalia, ovvero uno stato che integri nuove forme di poteri come pure nuovi soggetti sociali intermedi dal mondo dei Not State Actors.

In questo articolo parleremo di poteri sociali intermedi, un NSA nella forma del Trans National Organized Crime / TOC, definiti come mafie.

Un attore chiave che si muove nelle faglie geopolitiche che influiscono nel paese. Prima di iniziare si rileva con tristezza come troppi guru nei loro talk show colti facciano sciacallaggio depistante sovraesponendo la tragedia del povero Loris alla crisi di legittimità che esprimono certi personaggi e personalità ... ovviamente per deliberato calcolo politico.

La storia insegna che leadership possono essere legali ma,per il loro avvvitarsi nella auto-legittimazione, finire col perdere legittimità.

In un paese in cui il primo partito è il Partito Dei Non Votanti ,(PDNV),**ed in cui i corpi sociali intermedi ad ogni giro di mazzetta perdono potere** ci stiamo avvicinando pericolosamente ad un punto in cui la delegittimazione sostanziale supererà in termini di valenza politica la legalità ,(legalità che –a questo punto – diviene sempre più formale e svuotata di ogni sostanza).

Un qualcosa che questi guru dei media aiutano col loro depistare.

Con questo sullo sfondo iniziamo a parlare delle mafie partendo da una introduzione storico sociologica.

1- Le origini storico sociali

La mafia non è la Sicilia e la Sicilia non è solo mafia.

In Italia le mafie sono nate ad inizio del XIX, ovvero nel 1812 in Sicilia e nel 1806 nelle aree continentali di quello che allora era il Regno delle Due Sicilie.
Sorgono avendo come modello le società segrete e questo è sia un tratto comune con altre realtà che la chiave per evitare alcuni facili fraintendimenti.
Iniziamo con in fraintendimenti. Avendo come modello le società segrete di allora è chiaro il "copiare" nomi, rituali e riferimenti a personaggi della massoneria e questo va ben oltre ed è ben altro rispetto alla troppa superficialità di chi ha voluto vedere connubi dove non esistevano.
Con questo non si escludono i noti legami con parti delle diverse anime della massoneria Italiana ma semplicemente si trova una ragione storica a somiglianze che sono più formali che sostanziali.

Il tratto comune è quanto fosse importante la dimensione del proto-feudalesimo in altri contesti in cui, nella loro specifica diversità e non sovrapponibilità , le organizzazioni criminali sono nate come società segrete che si costituivano come poteri sociali intermedi tra le elites ed il popolo.

Ovvero Turchia, Russia, Giappone e Cina dove le società segrete giocano un ruolo politico fin dal III AC.
Una breve parentesi con alcuni di esempi possono spiegarci il ruolo politico delle società segrete contigue alla crimine.
Un millenario detto Cinese dice che il sovrano gestisce la legge grazie alla burocrazia mentre il popolo grazie alle società segrete. Oggi in Hong Kong il solo fatto di appartenere ad una delle Triadi comporta 15 anni di detenzione. Per non menzionare il ruolo, sempre misconosciuto, che esse hanno avuto nel XX tra la comunità Cinese in Cuba sia prima che durante Castro.
In Russia, come pure precedentemente nella Unione Sovietica, sono sempre state organiche al potere divenendone un braccio operativo.
Dal 1989 questo particolare status si è ampliato ed è divenuto molto più sofisticato in una ottica internazionale dove le mafie Russe agiscono come Transnational Organized Crime,(ovvero una delle 32 forme di Not State Actors),nel contesto della economia illegale.

Una delle cinque forme di economia reale dominanti il pianeta,(le altre sono quella industriale, commerciale, finanziaria,peers-2-peers),con un fatturato stimato intorno a circa il 25% del PIL mondiale.
Tornando a parlare della situazione Italiana, dove le mafie con un fatturato stimato in circa 100-110 miliardi di euro sono una delle più grandi "multinazionali" a livello mondiale, al loro nascere queste organizzazioni criminali si modellano sulla struttura delle sette segrete borghesi ed aristocratiche.

Ed è questa la novità e diversità sociologica rispetto a tutte le altre forme di organizzazioni criminali precedenti,(pirati, banditi, briganti...).Un esempio è il 1. articolo dello statuto della camorra del 1842 che non solo si autodefinisce come " bella società riformata" ma che spiega il suo esistere come strumento di aiuto morale e materiale ai confratelli.

In questo mafia, camorra e ´ndrangheta hanno origini comuni. Inoltre durante tutta lo loro storia hanno sia comunicato che imparato delle reciproche esperienze. Una ulteriore costante tra le tre è che fin dalle loro origini abbiamo mutuato il modello organizzativo delle classi dominanti organizzandosi in società segrete per poter contare di più. Erano ovviamente le organizzazione di elementi delle classi popolari ,(ed in questo simili a quanto in Cina, Giappone o Russia), mossi dal desiderio di potere e ricchezza e senza alcun interesse a difendere le classi sottoposte,(e qui si differenziano dalle Cinesi che dal III AC giocavano anche un ruolo politico).

Fatto è che, come si è detto, questa forma di partecipazione ad una struttura criminale sia una novità assoluta che trasforma, fin dalle origini, queste società in corpi sociali intermedi , sebbene ovviamente illegali, e non in semplici bande organizzate di criminali.

Un elemento chiave dal punto di vista antropologico viene, quindi, ad assumere il rito di iniziazione inteso sia come elemento cardine per creare la convinzione di appartenere ad una élite criminale che non vuole confondersi con i criminali comuni che per nobilitare la violenza dandole un valore sociale. In questo le mafie Italiane sono simili alle triadi Cinesi, alla yakuza Giapponese, alla mafia Russa, alle mega gang USA come pure alle mafie Turche, Israeliane piuttosto che Indiane.

Questo è il senso simbolico-rituale della iniziazione che ,si è visto prima, "scimmiotta" quello massonico.

Il riti, la segretezza forgiano un senso di appartenenza elitario ma soprattutto servono a far passare nella società non aristocratica o possidente il concetto di "onore". La "fratellanza di sangue" come codice comune di una società che non accetta la eredità, (ovvero la origine aristocratica), od il possedere ,(ovvero la dimensione borghese),ma il valore del singolo – ovvero del sangue- come elemento di ascesa e potere. Ed essendo questa ascesa possibile solo mediante la violenza ecco che antropologicamente si chiude il cerchio perché si libera della sua connotazione incivile **divenendo valore sociale e culturale di un gruppo antropologicamente definito; quello degli appartenenti alle mafie.**

A pensarci bene anche in questo, ovvero utilizzare la violenza, i mafiosi copiano i nobili nel senso della impunità per le loro azioni violente. Il nobile non rende conto a nessuno per un atto di violenza e lo stesso vale per il mafioso.
Partendo da questa premessa si comprende il vero valore del termine "onore" che non ha nulla a che vedere con le rappresentazioni romanzate.
Anche in questo caso, per l "onore", viene scopiazzato il concetto aristocratico di chi, appartenendo ad una élite, non deve lavorare per vivere che quello di obbedienza. Nulla a che vedere, quindi, con la morale ma solo una accezione socio-antropologica che,a questo punto, non è più esclusivo appannaggio dei nobili.
Da qui la "logicità" della punizione mediante sia la morte fisica che sociale del traditore.

In questo loro auto-legittimarsi fin dalle origini come élite le mafie ottengono non solo di differenziarsi dagli altri criminali ma anche di rapportarsi con le altre classi dominanti divenendo un metodo per arricchirsi ed avere potere.

Le mafie sono fin da subito organizzazioni sociali che hanno come scopo il rendere ricchi i propri sodali mediante un utilizzo sistematico della violenza criminale.
Ovvero, da un punto di vista socio-antropologico- sono degli "ascensori sociali" tramite la violenza.

I mafiosi che difendono le masse dai possidenti esistono solo in Hollywood od in Bollywood ... .

Ed è il loro successo rispetto alle altre forme di criminalità a decretarne il successo sociale.

Dobbiamo infatti sempre tenere a mente che i mafiosi non sono considerati come gli altri criminali, ovvero degli individui violenti da emarginare. Al contrario sono visti come un corpo sociale assimilabile i cui membri sono rispettati...quando non anche elogiati.
Questo si ottiene fin da subito per una altra peculiarità chiave delle mafie rispetto agli altri gruppi criminali, ovvero il loro rapporto con le classi dominanti.
Gli altri gruppi violenti agivano come predatori nei confronti delle classi dominanti mentre le mafie non solo si pongono al loro servizio ma lo fanno da una posizione paritaria.
Si occupano degli affari sporchi, ed in questo uguali alle mafie italo-americane negli USA contro i sindacati, e lo fanno autonomizzandosi dalle élite ma anche , e contemporaneamente, alleandosi con le medesime.

Una alleanza in cui braccio armato e braccio economico non sono mai distinti nettamente.

Divengono quindi "istituzione" criminale mentre gli altri criminali rimangono relegati al ruolo di organizzazioni.

Ed è questa la chiave del consolidamento. Se non vi fosse stata la calcolata alleanza delle élite le mafie, intese come mera forma di violenza privata criminale, non avrebbero mai potuto fare il salto di percezione socio-antropologica da organizzazione ad "istituzione".

"Istituzioni" illegali ma legittimate da un consenso forte quanto indispensabile di altre "istituzioni", queste si legali e costituenti i corpi sociali intermedi.

Socialmente si chiama condivisione del potere mentre giuridicamente si definisce collusione.

Un esempio di come la legittimazione non richieda la legalità.

2- E questo ci porta a vedere come si muovono nel territorio Nazionale come pure a livello internazionale nella vulnerabilità delle dorsali geopolitiche.

Le mafie operano ormai dovunque godendo di appoggi "insospettabili" antropologicamente descritti nel paragrafo precedente.

Non stupiamoci quindi di un asse "fascio-mafioso-democratico" che vada ben oltre Roma.

Dimentichiamo gli stereotipi dei pizzetti o di capi ultra-settantenni che "non si accorgono" di fare minacce davanti ad un microfono. Pur con la famiglia al centro si sono diversificate e modernizzate.

Hanno dovuto farlo sotto la duplice spinta sia del contrasto degli apparati di sicurezza che della concorrenza non solo da parte di altre mafie ma anche di Not State Actors,(in primis il terrorismo),che sempre più ne invadono i "settori di competenza". Li invadono sia come competitors che come soggetti annientanti con violenza le mafie per riempire un vacuum di potere politico in un territorio.

Molti leaders mafiosi hanno uno stile di vita vistoso in quanto strumento di affermazione del loro potere tramite la distinzione sociale della ostentazione anche se questo tende a sciamare mano a mano che cercano di inserirsi nei livelli più alti di strutture sociali sofisticate.

Il fatto che siamo alla seconda generazione di figli che frequenta le migliori università del mondo significa qualcosa...anche nei termini dei rapporti con altri poteri, (istituzionali ed NSA che siano).

Le strutture operative mafiose mutano e si adeguano al contesto ambientale, (concorrenza e mercato),con una velocità ed agilità da fare invidia a tante aziende legali.

I clan sono obbligati a pensare sempre un po' globale... un capo mandamento che vende droga sa che il suo potere può dipendere da un signore della guerra in Centro Asia o nella Regione Andina.

Ed allo stesso modo un signore della guerra come pure un generale delle FAC sa che la sua vulnerabilità relativa , (nei termini di essere considerato targetizzabile in un contesto di selective targetting/killing), dipende anche dal danno che la sua eliminazione può generare in termini di instabilità nelle strade delle nostre città.

In parole povere ... se i campi di papaveri venissero bombardati con defoglianti le nostre strade esploderebbero per la mancanza di droga.

E poi una ondata di droghe sintetiche prenderebbe il controllo col problema in termini di controllo delle fonti che se la cocaina o la eroina si possono produrre solo in determinati micro-climi 100KG di "pasticche" possono essere sintetizzate in una raffineria nella casa del nostro vicino così simpatico ed insospettabile.

E questo ,(anche questo), spiega come mai il crimine organizzato internazionale,(TOC),sia un Not State Actors,(NSA).Ovvero un attore nel contesto geopolitico globale.

3-Quindi?

Un *fascio-mafioso-democratico* può minacciare un VIP facendogli dire che *"gli rompe er c...o"* solo e soltanto se sa che ha la forza relativa di farlo.

In una frase: la forza reale della violenza è pari al livello della sua impunità percepita. Pertanto tanto più il suo ambiente sociale è colluso tanto più sa di essere immune e tanto più la sola minaccia di usare la forza viene vissuta come forza reale.

Ed è questo il punto chiave.

Per meglio capirlo facciamoci questa domanda: quanto è forte una struttura?

La forza massima di una struttura equivale esattamente al suo punto più debole.

Può sembrare una contraddizione in termini ma è la realtà. E di punti deboli una società come quella Italiana in cui milioni di individui appartengono, come detto in un precedente articolo, alle 13 Popolazioni Sociali Italiane che stanno bene con la situazione attuale non mancano di certo.

Può essere il Presidente corrotto di una Onlus che vive in una villa che non può mantenersi ma tutti quelli che lo visitano non lo sanno fino a che non scoppia lo scandalo.

Può nascondersi in contesti dove ogni circa 800 cittadini uno ha una realtà in un paradiso fiscale ed, ovviamente, nessuno lo sa.

Già...nessuno lo sa...poteva immaginarselo e meno che mai sospettarlo... ricorda qualcosa?

Certo è la scusa ufficiale.

Ma a questo punto viene spontanea una domanda:

- **Ci sono?**
- **O ci fanno?**
-

Non stiamo parlando di un oscuro assessore in qualche sperduto paesino che si nasconde la banconota da 500€ nelle mutande per concedere un permesso.

Stiamo parlando dei capi partito, delle lunghe manu, dei portavoce, bracci destri, numeri 2 di realtà di livello nazionale.

Quindi?

Diamo atto a chi dice che non sapeva od immaginava di non sapere in bonas fides.

Pertanto "non ci fanno",ovvero non sono in malafede e collusi.

Ed ancora, quindi?

Allora ci sono e questo significa "solo e semplicemente" di essere degli **utili naif, idioti**.

Se "ci sono", ovvero se davvero non erano in grado di vedere e capire quello che accadeva sono solo degli utili idioti che è troppo pericoloso lasciarli dove sono dato che fanno danno senza saperlo per troppe delle loro scelte.

Non è eversione da anti-politica. Qui nessuno parla di una generica politica ma delle persone che la incarnano.

Se sono cosi utili idioti da essere puntualmente manipolati è meglio porli in pensione come fecero i Meiji e cercare altri meno... ingenui.

Pensionarli per manifesta idiozia.

Questo paese non ha bisogno di furbi e di idioti che non li sanno riconoscere ma di persone che non solo sappiano cosa fare ma che, soprattutto, sappiano giudicare quelli di cui si circondano per usare il nostro denaro.

Ovvero: "se ci sono" o "se ci fanno" non li vogliamo.

La notte;una questione che sa di politica e societa´(2/2)

Questo „mistero alchemico-ragionieristico" e´un qualcosa noto ad un qualsiasi studente del 1. anno della ragioneria. Fa pensare e lo fa tristemente che una persona di 15 anni conoscesse „segreti alchemico-contabili" che sembravano sfuggire al top dei politici e dei guru Italiani.Un ulteriore conferma di quel „ non lo sapevamo" che tanto contraddistingue l´ignoranza di troppi „top tutti-partisan" e che rende questo paese piu´un povero paese che un paese povero.

Concludiamo questo articolo riprendendo quanto abbiamo scritto tempo fa´,ovvero che l´**Italia non e´un paese povero quanto piuttosto un povero paese**.

Un paese in cui le fasi espansive stentano non tanto a partire quanto piuttosto a consolidarsi per motivi strutturali,(il povero paese).

1- Un po´di storia non guasta

Dal 1994 ad oggi abbiamo avuto 3 fasi espansive: 1994-96 , 1998-2002 , 2004-2008.

Ma questo non ha impedito che nel periodo 1994-oggi si sia consolidata una recessione,(il paese povero).

Questa recessione nei grafici a causa della falsa ripresa nel 2009-2010 assume la forma di una „ doppia V",(double dip),la cui dinamica deve essere analizzata come elemento chiarificatore di sfondo.

- 1. gamba della „ doppia V": 2007-2008 a causa dell´andamento negativo sia della domanda interna, (fattore interno),che dell´export,(fattore estreno).

-2. gamba: 2009-2010 in cui il trend negativo interno e´parzialmente mitigato da quello esterno,(export).

La contrazione interna,(ovvero il ridursi dei conusumi pubblici e privati + degli investmenti + la variazione delle scorte),sta´continuando ad oggi. A questo si unisce un indebolimento dell´export per il combinato disposto di:

A) una minore produzione in Italia del „Made in Italy" a causa della ridislocazione all´estero

B) una crescita dell´economia mondiale che non ha ancora raggiunto i livelli pre-crisi.

In questo contesto il 2013 e´stato un anno interessante per questo paese in bilico tra l´essere un paese povero ed essere un povero paese.

L´azione di requilibiro della finanza avrebbe dovuto portare a due dividendi.

Il primo era il riequilibrio del tasso di interessi del debito pubblico.

Ma prima di analizzare questo dividendo soffermiamoci sul senso di questo riequilibrio che e´costato lacrime e sangue. Lo facciamo specificando sia che non si e´votato per Berlusconi che ci si sofferma usando i dati e le parole di un ex-generale di corpo d´armata della Guardia di Finanza,docente universitario ed insignito della piu´alta onorificenza al merito Italiana,Gaetano Nanula.

Ci ricordiamo i politici che ,a fine 2011, da „*mane a sera*" ci dicevano che eravamo sull´orlo del baratro.Era per i loro interessi elettorali invocare le „manette d´oro", (Beck,2001), della EU come il „7. Cavaleggeri" per battere Berlusconi dato che non ci riuscivano elettoralmente, (*si ricorda: mai votato Berlusconi = non e´possibile definirmi come un prezzolato scribacchino al servizio del padrone delle ferriere...*).

Le previsioni del DEF per fine 2011 erano:

- PIL 1.582 Mld€

-Debito sovrano 1.900 Mld€= 120% PIL

-Spese 800 Mld di cui 48 in conto capitale ,(strade, ospedali, infrastrutture...)

-Entrate 738Mld€ = 46% PIL

-Disavanzo primario (indebitamento finanziario) 63 Mld€ = 3.9% PIL

Il baratro?

Si, nei talk show degli opinionisti che avevano ben capito dove andasse a parare il vento. Consideriamo il disavanzo primario di 63 Mld€ considerando pero´questa volta anche i 48Mld€ investiti in conto capitale.

Ovvero investimenti che avrebbero dato la loro utilita´nel futuro e che non dovevano influire per il loro importo totale ma solo per la quota di ammortamento in corso.

Questo „*mistero alchemico-ragionieristico*" e´un qualcosa noto ad un qualsiasi studente del 1. anno della ragioneria. Fa pensare e lo fa tristemente che una persona di 15 anni conoscesse „segreti alchemico-contabili" che sembravano sfuggire al top dei politici e dei guru Italiani.Un ulteriore conferma di quel „ *non lo sapevamo*" che tanto contraddistingue l´ignoranza di troppi „top tutti-partisan" e che rende questo paese piu´un povero paese che un paese povero.

Il 1. Dividendo in realta´era un qualcosa che potevamo avere gia´dal 2011... se cotanta leadership avesse chiesto consulenza ad uno studente di 15 anni .

Per chi sorride di fronte a quest´analisi citiamo il commento che Standard & Poors pose in calce al famoso rating:

" This unsolicited rating(s) was initiated by Standard & Poor's. It may be based solely on publicly available information and may or may not involve the participation of the issuer. Standard & Poor's has used information from sources believed to be reliable based on standards established in our Credit Ratings Information and Data Policy but does not guarantee the accuracy,adequacy, or completeness of any information used. ´**Questo rating** non richiesto e´stato generato da S&P. Puo´essere basato solo su informazioni pubbliche e potrebbe o non potrebbe coinvolgere la partecipazione dell´emittente. S&P ha usato informazioni che si crede possano essere affidabili sulla base degli standard stabiliti nella nostra Credit Ratings Information and Data Policy **ma non si garantisce l´adeguatezza, o la completezza di ogni informazione usata."**

Notevole che sul „non si garantisce l´adeguatezza, o la completezza di ogni informazione usata" si sia svenduta la nostra sovranita´.

Dato che questo documento era disponibile per tutti coloro che in quelle settimane parlavano di un baratro certificato da una _„fonte divinamente infallibile"_ il tutto si commenta da solo ed ognuno che sapeva e NON poteva non sapere si assume la responsabilita´politica per il non aver citato che le legittimazioni del baratro di basassero su rating generati sulla base di informazioni di cui" _non si_ *garantisce l´adeguatezza, o la completezza di ogni informazione usata" .*

Il 2. dividendo era l´aumento die risparmi delle famiglie mediante i guadagni finanziari.Risparmi che dai 10.000 Mld€ del 2008 erano passati a 13.000 nel 2013.

Come sappiamo i „ 2 dividendi" non hanno generato ripresa nel povero paese aumentandone cosi´la dimensione di paese povero.

Perche´?

Innanzitutto l´export non e´stato trainato a causa di una domanda estera minore di quanto prevista,(dagli USA fino ai BRICS ed in merito ai BRICS sulla crisi Russa ricordiamo che chi ci segue in Reteconomy ci aveva sentito parlare in merito con largo anticipo ed in solitaria).

Inoltre la paura del baratro, del futuro impedisce anche la ripresa della domanda interna.

Una perversa díalettica ha trasformato in sentire comune una metastasi di pessimismo che stenta a trovare un anticorpo nell´ottimismo della ragione.

A chi sorride sulla domanda interna Italiana si ricorda umilmente che l´Italia e´"solo" il 7. mercato al mondo della Germania surclassando India, Russia, Giappone, Brasile, UAE, Turchia, Indonesia,(fonte:Statistisches Bundesamt Deutschland settembre 2014).

Un dato piu´noto in Germania che in Italia e questo dovrebbe far pensare,no?

Il punto chiave di questa premessa storica e´che,come vedremo al punto due,questo tende a cofonderci in merito ad una serie di dimensioni chiave.

2-La confusione sulle dimensioni chiave...

I) L´art. 18 non aumenta la nostra competitivita´.

Non e´perche´sia piu´facile licenziare che ,dalla sera alla mattina, la produttivita´media si innalzi per miracolo. E lo stesso dicasi con la riduzione del cuneo fiscale. La tragedia e´che il differenziale di competitivita´con i Tedeschi non si abbassa magicamente riducendo il cuneo fiscale. In una frase: un operaio della Wolkswagen costa di piu´di uno della FCA ma e´piu´competitivo in termini di resa. Un agricoltore Francese del Bordeaux costa di piu´ma e´anche e´piu´competitivo di uno Italiano nel produrre vino di altissima qualita´. Un designer Danese nel fare interior design.Uno stilista Inglese nel fare fashion... e via dicendo.Le statistiche internazionali e non la „propaganda dei gufi" sono li´a dimostrarlo.

Ed e´la redditivita´il solo punto di unione virtuoso tra due legittime aspettative: la renumerazione del capitale di chi investe e del lavoro con salari degni di questo nome per chi lavora.

E´ la reddtivita´ che garantisce questo ed ovviamente NON si possono far cadere le colpe su chi, (i lavoratori), colpe non ha in termini di mancate visioni di politica economica.

II) si aggravano i 3 motivi chiave della bassa crescita che sintetizziamo in questo modo rifacendoci al XIX Rapporto sull´Economia Globale e l´Italia della Fondazione Einaudi, (novembre 2014):

a) il non mantenere costante la % di PIL che renumera gli investimenti

b) il disincentivante rapporto profitto/costo del capitale

c) la creazione di un risparmio netto che per paura non viene investico,(*nda:qui aggiungiamo anche per la cronica incapacita´di un mondo bancario che **non sa vedere il futuro delle idee sprezzatamente definite come „soft asset" e da qui la cronica carenza di credito per innovare***)

III) Il Sistema Paese disincentiva

La Mercedes Benz non e´andata a Detroit quando ha comprato la Chrysler come pure la Renault non si e´traferita a Kanagawa quando ha comprato laNissan.

Perche´?

Le tasse e la tutela degli azionisti... fumo fritto.

In merito alle tasse qualsiasi studente del 2.anno di universita´puo´spiegare ai Guru che ammantano questa motivazione per FCA che esistono i trattati contro le doppie imposizioni per cui ANCHE restando in Italia il fatturato FCA in Brasile negli USA viene tassato nei paesi dove viene generato e non in Italia.

In merito alla tutela degli azionisti di minoranza l´Italia in tutte le graudatorie internazionali offre una garanzia minore di quella del Lussemburgo e quindi,se questa era la motivazione,che senso ha porre la sede in un paese dove,come azionista di maggioranza,si ha piu´vincoli ... .

Pertanto invece della vuota retorica sul tricolore ci si dovrebbe interrogare sul perche´in relazione al Sistema Paese. Ovvero in Germania od in Francia si resta, indpendentemente dalle tasse, perche´quei Sistema Paese funzionano!

Ovvio che mettere la testa sotto la sabbia della retorica aiuta gli auto-legittimati che non vogliono porsi in discussione ma non risolve i problemi.

IV)Il Sitema Fiscale (A):illogico

Citiamo l´ex generale di corpo d´armata della Guardia di Finanza, capo della scuola tributaria della GdF,docente univeristario a Tor Vergata,insignito nel 2004 della piu´alta onorificenza Italiana , (Cavaliere di Gran Croce), Gaetano Nanula,(2014):

„E´a questo punto evidente come l´unica quantita´di ricavi-che identifica sempre la medesima sostanza-venga vagamente segmentata e denominata,onde costituire basi imponibili diverse soltanto per nome,(nda: IRES, IRAP, IVA), per l´applicazione delle tre citate imposte.La stessa sostanza,costituita dall´eccedenza dei ricavi sui costi,viene diversamente compartimentata e denomimata, a seconda dell´entita´dei costi dedotti,per applicare tre imposte diverse.

In verita´ le tre differenti donominazioni di „reddito", "valore aggiunto" e „valore della produzione netta" danno luogo a una classica „illusione finanziaria" perche´ connotano la medesima sostanza: le basi imponibili si sovrappongono dunque ampiamente.

In definitiva,il legislatore chiama con tre nomi diversi la medesima sostanza, per applicare tre volte l´imposta."

Detto dall´ex-comandante della Scuola di Formazione della GdF si commenta da solo.

V) Il Sistema Fiscale,(B):imbelle

Riprendiamo ancora un commento del Generale Nanula in merito ad un decreto del Governo Letta ed alla sua conversione col Governo Renzi.

Parliamo dell´Art. 1 del DL 28/1/14 N.4 che consentiva a chi aveva dirottato gli utili usando „traingolazioni" verso delle domiciliazioni fiscali off-shore di portarli in Italia „scudati" con una penale del 2.9% invece che con una tassa del 50%.

Un DL che il generale ha commentato in questo modo:" *I piu´grandi evasori fiscali Italiani , responsabili delle piu´sofisticate ed importanti frodi,... hanno recentemente tentato -con una spregiudicata invasivita´delle istituzioni- di ottenere la cancellazione di gran parte delle proprie responsabilita´penali ed amministrative*" (11/2014)

A seguito del clamore il Governo Renzi ha cancellato l´Art. 1 nella legge di conversione L. 28/3/14 N.50 ma questo non ha evitato che nel periodo 29 gennaio- 29 marzo 2014 si potesse usare il decreto per importare i capitali „scudandoli" per la terza volta dopo gli „scudi" nel 2001 e nel 2009. In merito nuovamente il Generale Nanula :" *rimangono valide tutte le operazioni di introduzione in Italia die redditi-chiamati capitali-accumulati,in evasione di imposta,nei detti paradisi fiscal eseguite nel periodo di vigenza del DL N.4,(ancorche´non ancora convertito in legge),e cioe´dal 29 gennaio al 29 marzo 2014*",(11/2014)

Spregiudicata invasivita´ delle istituzioni commenta il Generale Nanula e non vi e´altro da aggiungere.

Ad oggi e´passato nel silenzio quanto denaro sia entrato usufruendo di questa finestra di opportunita.

Su queste basi e senza citare tantissimi altri esempi e´chiaro che la lotta all´evasione e´alquanto inefficace ed e´una pia illusione pensare di recuperare almeno 500 miliardi € evasi.

Per essere chiari viviamo in un mondo dove si stimano in almeno 27 trilioni di dollari ,(Blyth-Lonergan 2014), le ricchezze che le autorita´fiscali dei governi NON potranno mai piu´recuperare e quindi l´Italia e´in buona quanto sfortunata compagnia.

Pertanto dato che questo povero paese ha disperatamente bisogno di questo denaro per non divenire un paese povero si deve agire diversamente rispetto al solo andare a cercarli in giro per il mondo.

Per farlo non dobbiamo inventarci alcuna nuova legge ma semplicemente estendere l´uso di una gia´esistente dal 1892: la Rognone -La Torre.

Pensata contro la mafia appena dopo la morte del Generale Dallachiesa contiene un articolo che consente di applicare **il parametro del possesso ingiustificato di patrimonio.**

Ovvero?

La possibilita´di sequestrare quella parte del patrimonio di un sospettato di mafia che non e´giustificabile con il lavoro ufficialmente svolto come pure con i beni denunciati.

Per esempio di potrebbe iniziare ad applicarlo a quegli imprenditori che denunciano un reddito inferiore a quello dei propri dipendenti.

Salvo poi girare con auto di lusso mentre i loro dipendenti che guadagnano di piu´ guidano delle utilitarie... .

A questo punto, a fronte del rischio della confisca permanente, la persona deve giustificare la fonte del reddito, ovvero deve rendere apparente „il nero".

Se non lo facesse perderebbe tutto.Un incentivo indiscutibile per portare allo scoperto quanto non denunciato e poi pagarne un 50% di tassazione per riavere il resto.

Il punto e´,quindi e nuovamente politico, e chi vuole assumersi il peso di questa proposta a fronte di 13 popolazioni sociali Italiane composte da milioni di personche a cui va bene la situazione attuale?

A questo punto viene da chiedersi se l´Italia sia un povero paese od un paese povero

LA crisi generate dal super-potere delle burocrazie si innesta in un trend iniziato negli USA negli anni ´50 del XX e non e´un problema solamente Italiano.

Secondo degli specialisti in Chicago ed in Londra l´idea di una moneta di trasferimento,(dagli 80€ di Renzi al Reddito di Cittadinanza del M5S),e´ gia´fattibile con il 20% del PIL EU senza costi/tassa aggiuntive

L´**A-statalizzazione** dell´ Italia,(3. Repubblica), come evoluzione logica di un trend che portera´alla 4. Repubblica con una nuova forma di stato.

Un trend nel contesto delle evoluzioni degli Stati Post-Westphaliani che rende l´Italia uno dei luoghi di sperimentazione politica piu´interessanti a livello mondiale

Dal modello di pensionamento di elite´superate dei Meiji al considerare nella Costituzione come 4. potere anche le burocrazie come pure al creare il piu´grande Fondo Sovrano al mondo,(circa 1 triliardo di € generanti circa 130 Mld€/anno per il sistema pensionitisco e del welfare), usando le nostre ricchezze culturali ed ambientali...

Povero paese o paese povero?

Solo noi possiamo scegliere cosa vogliamo essere.

Paolo Dealberti ©2014 (e´consentita la riproduzione integrale senza utilizzo economico a patto che si citi l´autore e la fonte con un hyperlink attivo)

2015 , Visioni Collaterali

Il viaggio puo´continuare e continuera´.L´importante e´pensare alle vibrazioni che ci scaldano dentro.Ma se per un attimo ci lasciamo guidare dalle emozioni troviamo il filo rosso di energia che lega tutti questi specchi del caleidoscopio mondo nel loro mostrare concretezza proiettata nel domani seguendo la forza di un ottimismo della ragione

Visioni Collaterali da Cuneo a Melbourne ,ed oltre...

In Tactical Warning 1/2 in www.appealpower.com abbiamo parlato della chiave della gepolitica nel 2015: le **Passioni.**

Puo´sembrare scontato ma in un mondo che si avvita su se stesso pensando che il futuro gli sia stato rubato non lo e´.

Oggi facciamo un viaggio tra eventi a fine 2014 ed inizio 2015 che avranno una qualche conseguenza anche nel 2015.

Pensiamo a Mafalda che si chiedeva cosa potesse accadere se una farfalla in Cina avesse sbattuto le ali e muoviamoci nel **mondo della visione collaterale , ovvero del pensare non in maniera lineare ma bensi´collaterale /simultanea aiuta a rispondere,**(la chiamano contextual intelligence).

Il tutto porta a SEMPLIFICARE per chiarire perche´le cose che fanno la differenza sono quelle complesse e mai quell complicate.

Una chiave per iniziare questo viaggio?

Vi e´mai capitato di incontrare uno sguardo e perdervi dentro?

A me e´capitato e me ne ricordo mentre scrivo. Pensandoci mi da´le vibrazioni che sono la chiave d´onda del tutto. Vi auguro di avere la stessa fortuna e quindi di avere una chiave di lettura altrettanto stimolante.

Ed allora gli input divengono un quadro semplice nella sua complessita caleidoscopica.

Un piccolo quadro che ci parla della 296 citta´in cui le modernita´ prendono forma.

1-Oslo/Finlandia: il governo finanzia una nascente pop star come Nina Finnerud per promuovere soft power mediante la musica

2-Luogo Segreto/Italia: un ex-Marine ora consulente per la sicurezza parla del proprio addestramento ed il libro ha 3 edizioni in 3 mesi. Peccato che un noto intellettuale Italiano su un quotidiano colto di riferimento non possa proprio perdere l´occasione per scrivere una stantia recensione avente come sottofondo il preconcetto culturale da „ sti´ yankee psicopatici imperialisti e violenti". Se acoltasse le immagini alla fine di American Sniper capirebbe che vibrano sensazioni come ad inizio anni ´80. Le persone vogliono credere ancora ,come dopo la depressione degli anni´70. Inoltre caro „ Amico Intellettuale Colto" , lei sembra non voler capire che gli USA, a seguito del Strategic Grand Pivot 2009, se ne stiano andando dagli scacchieri geopolitici Europa-Greater Middle East anche perche´,(con buona pace della mitologia sul complotto CIA-ebrei-massoni-Area 51-castelletto in Svizzera),a breve non importeranno piu´petrolio dalla regione.

I piu´di 160.000 morti in Syria sono ,quindi, la prova che il futuro alla „EU-Cina-Russia" sara´come il passato nei Balcani anni ´90 del XX. Ovvero? E che si scannino pure fra di loro ... ipocrisia a parte ricordiamoci di Tsebrenica, ad esempio... Erano yankee od Europei i soldati che hanno guardato altrove durante il massacro? Uno dei tanti massacri... ed e´tempo che qualcuno si cerchi altre mitologie/narrative per fare retorica,no?

3-Madar/Emirati Arabi: una citta´green e del futuro che pero´non trova abitanti. Interessati?

4-Essen/Germania: la costruzione di un grattacielo alto un miglio e´solo questione di (poco) tempo.E cosi´capita di riflettere sul fatto che una delle 3 tecnologie che hanno trasformato le citta´negli ultimi 150 anni sia quella degli ascensori,(le altre due sono l´automobile ed il telefono e sue evoluzioni fino ad Internet).Il primo ascensore fu costruito in America da Otis nel 1852 rendendo possibile il grattacielo.Ora Tyssen ha sviluppato una tecnologia per edifici alti un miglio che ,quindi, si possono costruire.

5-Helsinki/Finlandia: Stora Enso ha dato una dimensione design ai suoi prodotti cartacei per contenere il liquido. Questo dara´ ulteriore spazio al cardboard design.

6-Cuneo/Italia:l´On. DiMaio in un convegno organizzato dal locale Gruppo del M5S ha spiegato il senso del referendum sull´Euro come momento di riflessione geopolitica che l´Italia puo´dare alla EU

7-Toronto/Canada:il negozietto all´angolo e´cosi´ trendy... ma lo e´ anche (e non solo) in Londra o Tokyo

8 -Tokyo/Giappone: anche se a Tokyo vive in villaggi-grattacielo come la Marunocuhi Tower **visitata e vissuta** da 24 milioni di persone in 12 anni

9-Bangkok/Thailandia: un intero quartiere e´divenuto un DOG-centric Space. Pagando un biglietto di ingresso un cane vive in un quartiere pensato per lui. E i padroni si divertono e vivono una dimensione di comunita´. Generando ricchezza sostenibile per le attivita´ commerciali. Ovvero una grande isola di spazio condiviso e non un corridoio di transito

10-Doha/Qatar: quando fu scritto il primo romanzo che parlava di un incontro con Alieni sbarcati sulla terra? Nel XIII in Bagdad da Abu Yahya Zakariya´ ibn Muhammad al-Qazwini. Uhmm,e che dire allora dei tappeti volanti ne le „1000 ed 1 notte" ? (da leggersi se ve lo siete perso)

11-Buenos Aires/Argentina:uno studio di architetti insegna che essere slow e´il miglior modo per creare una partnesrhip con i costruttori

12-Stoccolma/Scandinavia:pensare ad una tazza da caffe´in modo da renderla cosi´bella per una conferenza... minimalismo che si fonde nella complessita´

13-Taipei/ Taiwan R.o.C: un architetto si ispira al bianco e nero delle pagine stampate per generare una fusione con il senso Giapponese dello stile creando qualcosa che diviene cool & trendy in Taiwan e poi in Cina

14-Ingolstadt/Germania:Audi dopo aver prodotto uno spot seriale che e´diventato il miglior spot sull´Italia,(altro che quello dell´Expo),ora va oltre definendosi nel futuro dicendoci che ha pensato una macchina con destinazione il pianeta Terra.

15- Melbourne/Australia: *techne´*e´una parola greca che significa fare le cose poeticamente. Uno studio di archittetti Australiani sta´dimostrando che si puo´fare in larga scala quando si parla di urban design

16-Berlino/Germania: e chi ha detto che le macchine da stampa sono morte? Un geniale grafico di 67 anni sta´creando nuovi font che ... woowwwwww una rivoluzione per le 250.000 macchine esistenti al mondo

17-Barcelona/Spagna: prendete un quartiere industriale in crisi e trasformatelo in uno spazio condiviso.Se vi mancano idee , beh visitate Poblenou in Barcelona

18-Tokyo/Giappone:off the rails ? ... parlando di abbigliamento? Beh, un must e´vedere cosa accade in Ginza.

19-München/Germania:e chi ha detto che i libri siano morti? La BMW per promuovere la sua macchina ecologica pensata per forward thinkers, innovtators...for ever usa un German Yuppy che legge un magnifico libro. Il tutto ripreso da una lounge dove si trovano libri... **eh si, libri NO tablet!** For ever...

20-Zurigo/CH: dove ci ricordano che alla fine un jet si affitta come un taxi ad avere le idee per riempirlo con un business creativo.E chi ha detto che i jets servono solo per volare?...Alla fin fine non sono altro che un altro luogo da vivere e compreso questo si aprono dimensioni senza limiti in termini di interazione con altri contesti.

21-Madrid/Spagna:il leader del Partito Socialista, (PSOE),ci spiega che le Persone cercano politici in grado di costruire e non di distruggere quello che di positivo esiste.

22-Ankara/Turchia: il ministro dell´economia ci ricorda che le infrastrutture sono la chiave del successo

23- New York/ Los Angeles/ Miami ma non Washington/ USA- fanno si che gli USA siano la nazione N.1 al mondo in termini di soft power

24-...-100-... - 296- Ed ovviamente...altro,molto altro ancora...

il viaggio puo´continuare e continuera´.

L´importante e´pensare alle vibrazioni che ci scaldano dentro.

Ma se per un attimo ci lasciamo guidare dalle emozioni troviamo il filo rosso di energia che lega tutti **questi specchi del caleidoscopio mondo nel loro mostrare concretezza proiettata nel domani seguendo la forza di un ottimismo della ragione,**

Ovvero?

Passioni ed ancora il futuro e´li´e sara´quello che vorremmo avere.

Che futuro vogliamo?

Paolo Dealberti 2015 (e´consentita la riproduzione integrale non a fini commerciali solo citando l´autore e la fonte con un hyperlink attivo)

Vincere contro il terrorismo e perdere contro il terrore

Il tutto, e non ci stancheremo mai di ripertelo, e´intrinseco al fatto che viviamo in paesi liberi. E questo non deve cambiare e pertanto dobbiamo accettarlo culturalmente ed imparare a conciverci per evitare di essere dominati dal terrore. Un terrore totalmente ingiustifcato dalla portata dei danni reali che questi attacchi possono generare. Un terrore che inevitabilmente ci portera´a chiedere di limitare le nostre liberta´!

Il punto chiave e´definire quando il terrorismo generi terrore per capire che piu´che un " noi V.s loro" si tratti anche di un " noi Vs. noi".

Affronteremo gli elementi chiave che contraddistinguono sia il terrorismo che le forme del terrore per poi giungere alle conclusioni che non solo e´ piu´facile vincere laguerra contro il terrorismo che quella contro il terrore ma anche che rischiamo di perdere contro il terrore.

Ovvero una dimensione socio-culturale che soffoca la nostra societa´ da almeno una generazione.

Una dimensione che si innesta in una specie di **Teologia della Paura** tutti-partisan che ha fatto si che ci possiamo definire in base alle nostre paure.

Per questo parleremo prima del terrorismo e poi del terrore cercando di fare chiarezza su troppe dimensioni del **sciacallaggio culturale** generato da troppi media e politici interessati in cerca di audience come pure di vendere spazi pubblicitari e consenso politico.

A) Terrorismo

1- Il complotto permanente ma sempre senza un responsabile

Iniziamo a liberare lo sfondo dai fumi tossici delle teorie del complotto che puntualmente emergono. Le teorie del complotto hanno sempre e comunque due caratteristiche chiave:

- Non forniscono mai un nome ma una serie di indicazioni fumose quanto stereotipate, (massoni, CIA, Mossad, castelletto in Svizzera...)
- Nonostante le "persistenti" minacce di morte e di boicottaggio chi ne scrive,i Guru del Complotto, riescono puntualmente a trovare un editore che li paga milioni di euro ed essere intervistati e vivere una lussuosa vita,(*verrebbe voglia di dire: "alla faccia dell´essere boicottati*)

In merito a quanto accaduto nella redazione di Charlie Hebdo in Italia la teoria piu´ accreditata sul complotto e´ stata quella apparsa sul blog di Beppe Grillo.
Il perno della teoria era la stranezza dei 25 minuti intercorsi prima che la polizia Parigina reagisse. Peccato pero´ che alcuni giorni dopo uscisse un video che dimostrasse che la Polizia era intervenuta subito anche se poi l´autopattuglia si era ritirata dallo scontro. Puntualmente e´ accaduto che quando un dato contraddicesse le fondamenta del complotto il Guru di turno non lo considerasse e meno che mai ratificasse. In ogni caso quanto fosse fumosa e strampalata la teoria-ricostruzione trova conferma nel fatto che non fosse stata mai tradotta nella versione in inglese del blog.
Sicuramente la teoria delle teorie e´ quella sulle Torre Gemelle,(11/9), che si basa sul fatto che nessuno ebreo sia morto. Anche in questo caso il fatto che esiste una lista di morti di origine ebraica viene puntualmente dimenticato dal Guru di turno mentre,(*alla faccia e nonostante il boicottaggio dei poteri forti*), ci racconta che lo minacciano mentre fa pubblicita´ per il suo ultimo libro.
Una teoria che 14 anni dopo ha ancora seguito e che si smonta per il fatto che nessun Guru abbia mai saputo/voluto/potuto rispondere a queste due semplici domande:

- Ma come hanno fatto ad informare decine di ebrei di questo senza lasciare tracce?
- E come e´ possibile che nessuno poi ci abbia fatto un libro per guadagnare decine di milioni di euro?

Alla seconda domanda i Guru rispondono dicendo che poi li avrebbero uccisi. Un´idiozia come dimostreremo nella prossima frase. Alla prima evitano proprio di rispondere...

Dal fondatore di Wikileaks a Snowdean tutti hanno pubblicato tutto guadagnando,(*anche se puntualmente si dimenticano di dirlo per continuare a dipingersi come martiri oppressi dai poteri forti*),decine di milioni di euro. Se qualcuno informato dell´attentato dell´11/9 avesse pubblicato in merito non verrebbe mai ucciso per il semplice fatto che se questo accadesse sarebbe la conferma che ha detto il vero. Mentre se lo si lascia in vita sia a godersi il denaro guadagnato che a dire che e´ minacciato H24/7/365 la sua diviene l´ennesima teoria ... che lascia il tempo che trova, no?

2- **Come definirli?**

Iniziamo con l´abuso del termine Kamikaze. Le persone che si suicidano in un attacco terroristico come pure quelle che decidono di farsi suicidare attaccando sparando contro le forze di sicurezza non sono dei Kamikaze.
I Kamikaze erano un reparto dell´aviazione imperiale Giapponese, ovvero elementi di un esercito regolare impegnati in azioni di guerra ed appartenenti ad una nazione riconosciuta,(il Giappone).
Nel nostro caso abbiamo persone che non appartengono ad un esercito regolare, non commettono azioni di guerra e meno che mai appartengono ad una nazione riconosciuta.

Queste persone appartengono invece ad struttura di potere che e´ classificabile in una delle 32 forme dei Not State Actors,(NSA).

A prima vista potrebbe sembrare una sottigliezza accademica mentre invece ha **una valenza politica nei termini del riconoscimento della legittimità di queste persone.**

In merito si rimanda agli anni del terrorismo delle BR o dei NAR, a ripensare al motivo per cui non vennero mai riconosciuti come prigionieri politici anche se i terroristi lo richiedevano in continuazione. Il farlo avrebbe significato riconoscerli come soggetti politici, ovvero dare loro legittimità politica.

Ma non possiamo neanche chiamarli martiri e questo secondo il Corano. La Lex Islamica prevede che una persona possa essere definita come martire solo e soltanto se muore in un´azione di guerra decidendo di suicidarsi per salvare da un pericolo immediato altre persone. E non e´ certo il caso di chi si fa saltare in aria o decide di farsi suicidare anziche´ di arrendersi.

Le parole fanno sempre e comunque la differenza dato che danno significato e significante alle cose.

Pertanto iniziamo a non chiamarli piu´ne´ Kamikaze e tantomeno martiri.

Ed allo stesso modo e´ importante evitare di usare il termine "guerra" anziche´ lotta.

La guerra ha una sua lex e presuppone che avvenga tra due realta´ politiche riconosciute e che si riconoscono mutualmente. Ha un inizio,(dichiarazione di guerra), ed una fine,(firma della pace tra un vincitore ed un vinto). Ovvero tra stati, (State Actors/SA),che, nella forma attuale, sono una delle evoluzioni delle forme statuali sorte con la Pace di Westphalia nel 1648.

Usare il termine "guerra" per definire lo scontro con un NSA come i gruppi terroristici significa l´implicita ricognizione del loro status politico.

Una conseguenza non da poco. Pertanto questa e´ una lotta al terrorismo e non una guerra.

"Solo e semplicemente" questo ed il comprenderlo ci immunizza contro la troppa leggerezza nell´usare delle definizioni che altrimenti, come vedremo in seguito in questo articolo, avrebbero solo la nefasta conseguenza di dilatare senza ragione l´impatto in termini di terrore.

3- Evoluzione nella sofisticazione della minaccia

Indubbiamente rispetto agli eventi di Sydney e Toronto abbiamo un´evoluzione qualitativa tattica dell´ordine di (almeno) una magnitudo.

Ma per quanto sia indubbia l´evoluzione qualitativa della dimensione tattica il tutto non si traduce ancora nell´invincibile e devastante forza che colpisce impunemente nel cuore dell´Europa come troppi media in cerca di audience descrivono abusando della **macelleria editoriale al solo scopo di vendere.**

Se da un lato e´ vero che un AK47 non si trova in eBay e´ pero´ anche vero che si compra nella Repubblica di San Marino ... come pure nel mercato nero di ogni metropoli.
Come pure e´ vero che e´un´arma che si autoalimenta della propria leggenda dato che non e´ certo un´arma di difficile reperibilita´. Ovvero,e solo per citare alcuni esempi, nessuno di questi gruppi per il momento riesce a mettere la mani sopra fucili d´assalto come il Barret M107A1 che e´ letale a 3 Km di distanza o come la MetalStorm in grado di avere una cadenza teorica di 16.000 colpi impilati al minuto. Ovvero ed in parole povere: di un´arma che si possiede solo se si e´ in certi circuiti,(criminali o terroristici),di altissimo livello. L´AK47 e´un "catenaccio" letale prodotto in milioni di copie e ne girano modelli che hanno almeno quaranta anni ... .

In merito all´addestramento non serve andare in Iraq o Syria se pensiamo che lo si possa avere anche:
I. Presso societa´ che formano per la sicurezza,(anche in Italia ...),con un addestramento

di poche settimane. **Il tutto con un addestramento legale con tanto di fattura come costo da scaricare per il futuro esperto di sicurezza con Partita IVA o terrorista che ha bisogno di scaricare i costi per la denuncia dei redditi, (scusate l´ironia ma...).**

II. Se si e´stato in missioni ONU durante il servizio militare,(ed in corpi normali)

III. Se si e´stato in corpi di élite

IV. Se si e´operato in gruppi di fuoco di organizzazioni criminali di altissimo livello. Ad esempio se si e´stati addestrati dalla mafia Israeliana come membro della sicurezza dei narcos nella regione Andina,(una nota: per chi si *eccittasse* leggendo "mafia Israeliana" collegandola subito al Mossad si rimanda a quanto detto sopra in merito al complotto).

V. Se si e´combattuto in uno dei tanti conflitti interni alle nazioni in giro per il mondo dall´India alla Bolivia

VI. Se si e´operato in contesti criminali metropolitani come le favelas di Sao Paulo do Brazil, del triangolo Latino Americano, in Messico piuttosto che in Somalia od Haiti ... .

VII. ...

Come si vede purtroppo le occasioni non mancano e non si deve necessariamente essere un Jihadista.

Ma e comunque restiamo sempre e solo nella dimensione tattica tenendo pero´ sempre a mente che quella che conta e´la dimensione strategica.

Ovvero una organizzazione, una regia... una strategia coordinata. E questa sembra al momento mancare come dimostrano il proliferare di riconoscimenti degli attentati.

Il solo e semplice fatto che non siano riconducibili ad una sola sigla, ad un unico gruppo e´l´ implicita prova che non ci troviamo di fronte ad una regia unica e meno che mai coordinata od invincibile.

Ma attenzione: **questo NON significa minimamente che si debba sottovalutare la minaccia** come vedremo nei paragrafi successivi.

4- La Strategia

Come si e´ accennato prima la conferma della mancanza di una "cabina di regia" unica ci viene dal fatto che le rivendicazioni fanno a capo a diverse sigle a loro volta in conflitto l´una contro l´altra.
Ma in buona sostanza di che tipo di operazioni e di connessa strategia parliamo?
I bersagli sono tutti descrivibili come **soft targets**, (ovvero bersagli poco difesi).
E la strategia e´ definibile come una di **Soft Targets Multiple Targeting** ,(STMT, ovvero il colpire in maniera multipla/contemporanea dei soft targets in luoghi/nazioni differenti).
Questi bersagli sono "soft" in quanto questa loro dimensione e´ connaturata con il nostro vivere in un mondo libero.
La hall di un albergo, la redazione di un giornale ma anche una piazza come pure un centro commerciale od un cinema come pure un club...e gli esempi sono decine.

Ed in quest´ottica si ricorda umilmente ai *Guru della Tuttologia da Complotto* che:

- Se si installano piu´ telecamere sono i primi ad urlare contro il "Grande Fratello" salvo poi ad essere i primi,(dando prova di scarsissima coerenza), ad **ri-**urlare al complotto se le telecamere non ci sono in un luogo attaccato.
- Se si aumentano le risorse per la sicurezza/intelligence i suddetti Guru **ri-ri-**urlano contro il rischio della militarizzazione anti-democratica. Salvo poi,(e sempre senza coerenza), **ri-ri-ri-**urlare al complotto che ha volutamente indebolito la prevenzione quando accade un attacco.

- Se milioni di emails vengono analizzate eccoli **ri-ri-ri-ri**-urlare sulla libera´in pericolo. Salvo poi **ri-ri-ri-ri-ri**-urlare al complotto se i controlli sulle comunicazioni sono carenti

E via dicendo... illogico, no?

Dovrebbe essere illogico ma i soldi che i Guru guadagnano in conferenze, interviste e libri sul complotto sembrerebbero dimostrare che vi sia una sua logica.

Almeno ed indubbiamente **una lucrosa logica di business che in maniera immorale opera del sciacallaggio culturale sulle nostre paure ingigantendole!**

Al di la´ di tutto questo vi sono dei problemi economici in un momento di tagli trasversali.

Si consideri ad esempio le telecamere. Se non sono ad alta definizione e con un operatore H24/7/365 che le monitori non servono ne´ ad agire contro un´azione mentre avviene e ne´ nel post-azione a dare informazioni utili.

E dove si trovano i soldi sia per comprarle che per mantenere le sale operative con gli operatori?
Si prega i Guru di "urlare" meno e di indicarci cosa tagliare per trovare i soldi ... ci siamo capiti, no?

Ed ancora, come vedremo altrove in questo articolo, questo significa non solo che non si devono ridurre gli investimenti in sicurezza ma, alla luce della reale minaccia, anzi che si devono aumentare quelli in intelligence ed in capacita´ di analisi militare e geopolitica oltreche´ quelli in termini di dotazioni come i giubbotti anti-proeittili od un addestramento serio in poligono per le forze dell´ordine in strada.

Questi bersagli sono connaturati alle nostre democrazie come meglio vedremo nel paragrafo successivo.

5- I bersagli

Sulla base di quanto si e´detto prima approfondiamo in merito ai bersagli.
E nel farlo partiamo da una premessa chiave: ovvero che **nessun attacco terroristico puo´vincere una societa´ed annichilire una cultura.**

Una serie di esempi puo´aiutarci a trovarne conferma storica. Esempi che, ovviamente quanto sfortunatamente, la macelleria culturale propugnata dai Guru & Friends si "dimentica" sempre di citare:

I. -l´Italia non fini´perche´fu assasinato Aldo Moro

II. -l´India non fini´perche´,a partire da Gandi, furono uccisi diversi capi di governo.

III. -la Svezia non si fermo´perche´fu assassinato Olof Palme

IV. -non Israele per l´assassinio di Shamir

V. -neanche il Pakistan per quello di Benhazir Buttho

VI. -meno che mai gli USA per quelli di J.F. Kennedy, M. L. King o Malcom X o per l´attentato a Reagan.

Allo stesso modo il Cattolicesimo, la Chiesa Anglicana, l´Islam od il Buddhismo non finiranno per un attentato al Papa,all´Arcivescovo di Canterbury, alla Mecca od al Dhalai Lama, (su questo punto torneremo dopo).
E sempre allo stesso modo sono lontani i tempi di Serajevo e neanche l´assassinio del presidente Americano,Russo,Francese,Cinese, del Premier Britannico puo´portare ad una guerra mondiale.

Ma e sempre allo stesso modo nessun attacco terroristico contro una persona potra´ fermare un´economia. La RAF Tedesca uccise il presidente della potentissima Deutsche Bank ma l´economia Tedesca non si fermo´ nemmeno per un minuto.

Tutto questo ha una fondamentale importanza per capire come un terrore dilatato a causa di un evento terroristico sia irragionevole quanto infondato e per capirlo meglio parliamo di alcune tipologie di target potenziali.

Tipologia 1:soft targets multipli,(STMT= Soft Targets Multiple Targeting ed intendendo con multipli una pluralita´di bersagli anche in nazioni diverse e con una cadenza contemporanea o quasi)

Sono dei bersagli che per loro intrinseca natura sono poco difesi nei momenti non caratterizzati da un´emergenza. Bersagli che non possono essere difesi in continuazione neanche impegnando un esercito per la semplice ragione che sono troppi.
Dalle nostre strade ai nostri locali passando per scuole o centri commerciali... .
Allo stesso modo pensare ad un´efficace difesa delegata al settore privato comporterebbe dei costi non sostenibili.
Per essere chiari qualche esempio:

- Una normale guardia giurata pagata 1.000€ al mese e condivisa tra 2 o 3 negozi in una strada anche se munita di giubbotto anti-proiettili non puo´fare nulla
- Un monitoraggio con telecamere se non e´ con telecamere ad alta definizione e con un operatore H24/7/365 non serve a nulla

- Aumentare la presenza delle forze dell´ordine se poi non le si fornisce dell´ABC necessario,(dai giubbotti anti-proiettili per ogni agente ad armi nuove come pure ad un vero training in poligono e non di un caricatore/anno ...),non serve a nulla. Si puo´ criticare <u>stando comodamente seduti in uno studio televisivo</u> l´autopattuglia della polizia di Parigi che si e´ritirata sotto il fuoco di AK47 da parte di persone con l´anti-proiettili. Invitiamo questi Guru a pensare di essere a bordo di quell´auto, *con una mitraglietta vecchia di qualche anno con soli 30 colpi in due, 1 antiproiettile in due, forse al massimo due caricatori per pistole vecchie di anni, la macchina con vetro non blindato e con l´ultima sessione di tiro fatta magari mesi orsono* ...poi ci dicono cosa avrebbero fatto al posto degli agenti ... - E via dicendo ...

-

Il tutto,e non ci stancheremo mai di ripertelo, e´intrinseco al fatto che viviamo in paesi liberi.
E questo non deve cambiare e pertanto dobbiamo accettarlo culturalmente ed imparare a conciverci per evitare di essere dominati dal terrore.
Un terrore totalmente ingiustifcato dalla portata dei danni reali che questi attacchi possono generare.

Un terrore che inevitabilmente ci portera´ a chiedere di limitare le nostre liberta´ !

Tipologia 2: Hard a basso impatto

L´entrare nel sistema informatico di una rete ferroviaria o di metropolitana e fare scontrare due treni.
Colpire un´applicazione nel contesto Internet delle Cose che impatti sul controllo remoto di apparecchi medici.

Questo tipo di attacchi per quanto indubbiamente piu´sofisticati e "spettacolari" di quelli sui bersagli soft a loro volta non sono in grado di mettere in ginocchio un´economia e meno che mai una nazione.

Tipologia 3: Hard ad alto impatto

Nel mondo esistono pochi impianti per la produzione di medicinali,(ad esempio l´insulina),o di microprocessori.
Esistono pochi terminali portuali che se bloccati possono creare dei problemi.
Lo stesso dicasi per alcune piattaforme in alto mare dove si estrae petrolio o gas.
Idem per le milk farms,ovvero i luoghi dove sono fisicamente basati i server che consentono all´Internet delle Cose di esistere.

Sono tutti esempi di dimensioni che si contraddistinguono per il fatto di avere un´elevata problematicita´ in termini di sostituzione ma ed anche in questo caso il danno e´piu´ psicologico che reale.

La conferma ci viene dalle nostre esperienze:

- Piattaforme per l´estrazione di petrolio: ci ricordiamo tutti di un´importante piattaforma nel Golfo del Messico bloccata per mesi come pure del fatto che questo ebbe un impatto nullo nel mercato energetico mondiale. La tragedia fu il danno ambientale e non quello sulle economie per ridotta disponibilita´di petrolio
- Produzione di medicinali salvavita: alcuni anni orsono uno dei quattro impianti mondiali per la produzione di insulina rapida dovette chiudere per problemi.A milioni di diabetici fu detto di usare un´insulina equivalente di un altro produttore.Il combinato disposto delle scorte di quell´insulina e della produzione in corso di una equivalente fece si´che nessun diabetico ebbe problemi.
- Terminali portuali/logistici: quando un tifone blocco´per settimane un importante terminale portuale/logistico come New Orleans furono trovate vie alternative ed in pochi giorni la crisi rientro´

- Attacco a centrali nucleari: se le tragiche esperienze Ucraine e Giapponesi insegnano qualcosa in un´ottica anti-terrorismo e´ che neanche l´esplosione di una centrale nucleare puo´ fermare una nazione. Ovviamente in questo caso il solo danno irreversibile sarebbe quello di scatenare una Sindrome Cinese. Ovvero la possibilita´ teorica che un nocciolo super riscaldato inizi a fondere il terrreno circostante per poi continuare a farlo senza fermarsi e finendo col bucare il pianeta per uscire agli antipodi. In teoria... .
- Attacco e distruzione di una borsa valori strategica: anche se distruggessero Wall Street o la borsa di Londra piuttosto che quella di Tokyo in un mondo dove tutto e´cloud,(ovvero virtuale/remoto in Internet),il danno sarebbe piu´psicologico che reale. Le contrattazioni si bloccherebbero quel giorno per poi riprendere il giorno dopo in cloud.

Come si vede anche in questo caso se non permettiamo al terrore di amplificare senza ragione gli effetti dei colpi del terrorismo **non esistono attacchi "finali al cuore delle nostre nazioni".**

6- Ma e´veramente la religione la causa?

Sebbene la maggioranza dei Top 60 gruppi terroristici sia a matrice religiosa,(di tutte le religioni),il vero motivo non e´religioso.
La prova ci viene da una analisi a due livelli. Il primo livello e´relativo agli attori agenti nella regione interessata, il Greater Middle East. Ed il secondo livello e´relativo allo strabismo di questi gruppi nel difendere la religione.

Livello di analisi 1: Il Greater Middle East

La regione interessata e´definita il Greater Middle East ed interessa una serie di scacchieri politici che vanno dal subcontinente Indiano ,(Pakistan),al Sahel,(Mali).
Vi confluiscono diverse etnie:araba, turca, persiana, ebraica...
Vi confluiscono diverse religioni:Islam, Cristianesimo nelle loro varie famiglie
Ma e sopratutto e´la regione in cui diverse potenze regionali,(Turchia, Israele, Iran, Pakistan, Arabia Saudita, Algeria, Egitto ...),si scontrano nel puro e semplice contesto di un confronto di potenza geopolitico.
Inoltre,anche se e´puntualmente dimenticato o sottovalutato, e´ anche la regione del Strategic Pivot 2009 degli USA.
Dal 2009 gli USA si stanno sganciando dalla regione perche´sempre meno strategica dato che in pochi anni non avranno piu´bisogno del petrolio di questa parte del mondo.
Pertanto sono passati da una strategia di intervento,(Iraq),ad una di contenimento,(ISIS in Iraq e Syria),che sta´dando i suoi frutti. E´questo pivot la variabile strategica chiave che ha "ribaltato" l´equazione geopolitica della regione.

In estrema sintesi:
a breve garantire l´approvvigionamento del petrolio dalla regione sara´ un peso che si dovranno accollare interamente le realta´che di questo petrolio si servono: EU, Cina, BRICS ... .

Le potenze regionali sono in lotta da decenni e lo sono indipendentemente dalla religione che non e´ altro che un alibi.
La conferma di viene dal livello 2 dell´analisi.

Livello 2 di analisi: lo strabismo nella difesa della religione

Si marcia contro Charlie Hebdo ma:

- Nessuno ha marciato/protestato tra questi gruppi quando in India i fondamentalisti Hindu hanno completamente distrutto una moschea ed ucciso migliaia di Mussulmani
- Nessuno ha marciato/protestato tra questi gruppi quando in Cina le minoranze Mussulmane hanno problemi e sono discriminate
- Nessuno ha marciato/protestato tra questi gruppi quando in Cecenia la Russia usa il pugno di ferro
- Nessuno ha marciato/protestato tra questi gruppi quando la Turchia ha usato il pugno di ferro contro i Mussulmani Kurdi. E neanche quando il pugno di ferro lo hanno usato l´Iraq di Saddam, l´Iran, la Syria.
- Nessuno ha marciato/protestato tra questi gruppi contro la Serbia,(ed i loro alleati Russi ed il partner commercial Cina),quando nei Balcani si avevano massacri e stupri etnici contro i Mussulmani
- Nessuno ha marciato/protestato tra questi gruppi contro la Syria nonostante piu´di 160.000 morti
- Nessuno ha marciato/protestato tra questi gruppi contro i Mussulmani sgozzati e le Mussulmame stuprate e vendute come schiave dall´ISIS
- ...
- ...
- E meno che mai nessuno ha minacciato cittadini o bersagli di queste nazioni per vendetta,(solo in Russia si sono avuti attentati per la Cecenia)

Come mai?

Certamente i mussulmani massacrati a Tzebrenica non valgono meno di quelli offesi da certe vignette ma contro chi li ha massacrati non si e´avuto alcun atto di questi gruppi terroristici e meno che mai qualcuno ha marciato.

Significhera´pure qualcosa no?

Ed allora?

Allora la spiegazione ci viene ricordando una frase di Marco Pannella che una volta disse che se un Palestinese uccide un Palestinese non interessa a nessuno ma se ad ucciderlo e´ un Israeliano allora finisce in prima pagina.

Nel contesto della lotta per il potere che questi gruppi combattono lo schierarsi a difesa della religione e´affetto da strabismo cronico quanto voluto dato che –per mero calcolo politico- lo fanno solo e sempre contro targets occidentali.

Una conferma indiretta quanto definitiva ci arriva in merito al mito della bomba nucleare Islamica.

Che il punto non sia tanto che la bomba sia Islamica quanto piuttosto che sia Iraniana ci viene dal fatto che una "bomba Islamica" esista da anni.
 E´una "bomba Sunnita" in mano al Pakistan ma questo non ha mai tolto il sonno a nessuno, neanche a Gerusalemme.
L´aver parlato della "bomba Islamica" ci offre altri due elementi di valutazione che ci confermano quanto la religione,(l´Islam),sia solo un pretesto politico usato con cinismo.
Il primo elemento e´che semmai l´Iran avra´una bomba atomica allora questa sara´una "bomba Sciita"che sara´puntata prima contro la "bomba Sunnita", (Pakistan),che contro Israele.

Il secondo elemento e´la futilita´della minaccia di alcuni politici in Teheran di usarla contro Gerusalemme. Il farlo significherebbe annientare i Luoghi Sacri dell´Islam piu´importanti dopo la Mecca e Medina, ovvero?
De facto dichiarare guerra a piu´di un miliardo e mezzo di Mussulmani Sunniti,(*ovviamente nulla se non il suicidio*

nucleare impedisce che sia lanciata altrove contro Israele).

7- Che fare? Dimensione Militare

In queste pagine abbiamo ridimensionato la capacita´di impatto del terrorismo per far si che non si dilati al punto da renderci prigionieri del terrore.
Ma quello che non abbiamo voluto fare e che non faremo mai e´ di sottovalutare questa minaccia.

Viviamo in un mondo dove si spendono per abitante del pianeta in media all´anno 1.350 US$ per la sicurezza. Ma siamo anche nel mondo in cui il report per il Presidente USA, Global Trends 2030, non annovera il terrorismo tra una delle variabili impattanti sui trends planetari.

Allo stesso tempo tra i Top 60 gruppi terroristici la meta´e´a matrice religiosa contemplando il fondamentalismo Islamico, Ebraico, Buddista, Indu´ e Cristiano.
 Da almeno tre anni il governo Israeliano ha posto in black list come terroristi dei gruppi di fondamentalisti Ebraici,(per inciso un dato non da poco che i *Guru del Complotto con Ebreo* come pure quelli *dell´Imperialismo Yankee-Ebraico* si dimenticano sempre di citare),e per gli USA la terza minaccia alla sicurezza nazionale e´il fondamentalismo Cristiano.
Prima di focalizzarci sulla dimensione militare del cosa fare che attiene al terrorismo mentre quella culturale attiene alla dimensione del terrore e´ bene aprire una premessa. E nel farlo non usare ipocrisia.
Nessuno marcia per la Syria o per i massacri in Nigeria o per le vendita di Mussulmane come schiave in Iraq ma se un marine posasse l´anfibio sul suolo Siriano, Iracheno o Nigeriano *i Guru della Pace* inizierebbero immediatamente a scrivere libri, editoriali, ad impazzare nei talk show, a marciare e bruciare bandiere USA.

A vibrare per lo sdegno ... **strabico,***off course.*

In una frase abbiamo sintetizzato il tutto e spiegato perche´ non vi sia intervento in aggiunta a quanto precedentemente detto sul pivot strategico USA.

La risposta e´nel potenziare la capacita´ di analisi dell´intelligence e delle comunita´ di analisti militari e geopolitici al fine di avere il know-how preventivo per fronteggiare questa minaccia.
Solo grazie al loro know-how potremmo capire in anticipo la forma della prossima minaccia.

B) <u>Terrore</u>

Il terrore non e´il terrorismo.

Il terrore e´una dimensione socio-culturale che nessuna risposta militare puo´vincere e che va ben oltre il suo essere generato dal terrorismo.
Solo una risposta socio-culturale puo´vincerlo.

Ad ogni nemico l´arma idonea per batterlo.

Come abbiamo dimostrato in quest´articolo:

- Nessun attacco terroristico puo´fermare un Popolo
- La religione,(tutte le religioni dato che abbiamo anche un fondamentalismo cristiano, islamico, ebraico, buddista, induista...), **e´solo un prestesto cinicamente usato in una logica di lotta per il potere secolare.**
- Possiamo vincere il terrorismo come abbiamo gia´ fatto negli anni ´70 ed ´80 del XX

Inoltre nessun gruppo terroristico,anche se radicato temporaneamente in un territorio, avra´ mai la forza militare di sconfiggere il mondo.

Fu possibile contenere e battere l´URSS che disponeva:

- delle ricchezze di un territorio che si sviluppa su due continenti
- di decine di milioni di abitanti
- di una ideologia su base mondiale con partiti con un notevole peso che si rifacevano alla sua ideologia e sedevano nei Parlamenti occidentali
- della capacita´di vincere battaglie importanti della Terza Guerra Mondiale, (Cuba, Vietnam, Angola...)
- di un apparato industriale da super potenza
- del KGB
- di un apparato militare con non meno di 20.000 testate nucleari, 85.000 tanks, 10.000 aerei da combattimento, 400 navi da guerra, 1 milioni di soldati
- di decine di paesi apertamente alleati in ogni continente
- del riconoscimento politico come stato
- del potere di veto all´ONU
- di un´alleanza come il Patto di Varsavia

E seriamente pensiamo che qualche decina di migliaia di terroristi armati di AK47, RPG a bordo di fuoristrada possa dominare il mondo?

Se lo crediamo allora possiamo dire che vinceremo la guerra contro il terrorismo <u>mentre abbiamo gia´perso</u> quella contro il terrore.

Per dimostrare quanto tutto questo sia illogico usiamo <u>una provocazione culturale</u> per tornare a parlare dei bersagli e nel farlo questa volta parliamo di un tipo particolare di bersagli: quelli definibili come "Taboo".

B.1 - "I bersagli Taboo"

I.   Annichilire una citta´con una bomba atomica,(dirty bomb):

Cosa ci insegnano le tragedie ecologiche nucleari in Ucraina ed in Giappone?
Che – per quanto possa sembrare cinico dirlo - neanche una catastrofe nucleare ferma una nazione. Se una dirty bomb annichilisse una delle nostre citta´ la vita non si fermerebbe. Inoltre vige la "Dottrina Chirac".Nel 2007 l´allora presidente Francese durante la celebrazione della festa Nazionale con il paese sotto la minaccia di un attacco con una dirty bomb disse che se questo fosse avvenuto la Francia avrebbe risposto usando il nucleare contro chi avesse ospitato i terroristi. Ogni ulteriore commento e´superfluo.

II.   Attacco alla Mecca:

Non sarebbe la prima volta ma non scatenerebbe una guerra mondiale. Per quanto possa essere cinico ed intellettualmente provocatorio dirlo nessun Cristiano, Ebreo, Induista , Buddista, Scintoista e via dicendo entrerebbe in una guerra mondiale per vendicare questo atto.

III.   Attacco al Vaticano, al Dalhai Lama od all´Arcivescovo di Canterbury come pure ad ogni altro Leader Spirituale e/o Luogo Sacro di una Religione:

Come detto per la Mecca non scatenerebbe una guerra mondiale. E lo si ripete, per quanto possa essere cinico ed intellettualmente provocatorio dirlo nessun membro di un´altra religione entrerebbe in una guerra mondiale per vendicare questo evento.

In estrema sintesi e per quanto crude e ciniche possano apparire queste parole sia la realta´ socio-culturale che quella geopolitica ci dicono che oltre all´impatto emozionale **non vi sarebbero le ragioni per una guerra mondiale tra civilita´.**

Se capiamo questo iniziamo ad imparare a gestire il terrore come conseguenza del terrorismo e questo ci introduce al punto chiave di tutto il nostro ragionamento.

B.2- Brand Terrore

Mentre in Pakistan, Algeria, Afghanistan manifestano contro Charlie Hebdo viene da riflettere non tanto sul simbolo colpito a Parigi ma sul fatto che siano passati in silenzio altri simboli colpiti in altri luoghi.

Se Charlie Hebdo e´stato definito come l´11/9 Francese e come simbolo quello di colpire la liberta´di parola allora, e con la stessa logica, viene legittimo chiedersi:

- Che simbolo colpito esprimesse la non meno importante strage di 146 bambini in Peschwer,**(forse quello dell´innocenza?)**, e se questo non sia l´11/9 Pachistano

- Che simbolo colpito esprimono i massacri nei villaggi Nigeriani,**(forse quello della convivenza urbana?)**, e se –a loro volta- non fossero l´11/9 Nigeriano?
- Che simbolo colpito esprimesse il fatto che anni orsono un pastore protestante incendiasse in pubblico una copia del Corano,**(forse quello della liberta´religiosa?)**, e quindi e´l´11/9 della Religione?

Di questi come pure di altri episodi e correlata e non meno importante simbologia rispetto a Charlie Hebdo non si e´parlato in egual misura o non se ne e´proprio parlato.

Ed e´bene chiarire che se questo non sia avvenuto non e´certo colpa dell´uomo bianco ... .

In un mondo dove un bambino che sorride od un cagnolino che fa qualche cosa di inusuale generano milioni di click in un sito non e´certo il complotto imperial-bianco che impedisce a qualcuno di pubblicare in Internet dei video e testi in inglese e poi avere un´altissima audience.

E´bene capirlo e chiarirlo per liberare il campo da sensi di colpa che non hanno senso e che semmai dovessero esistere non sono certo imputabili all´uomo bianco.

Se in Pakistan si marcia contro Charlie Hebdo e non per protestare indignati contro chi ha ammazzato 146 bambini non e´certo una scelta dell´imperialismo bianco e questo ci introduce al prossimo argomento.

B.3- Il cattivone dei cattivoni: l´uomo bianco

Per millenni i popoli intorno alla Cina,(ed ai suoi mari fino agli inizi del XV), erano tributari all´imperialismo Cinese.
Il primo impero della storia costruito intorno all´idea di diffondere una religione e´stato quello Mussulmano che a partire dal VII per secoli si e´diffuso in nord Arica nel sud Europa come pure in Asia centrale , in India e nel sud-est Asiatico.
In Africa sub-sahariana si parla una lingua franca, lo Swahili, che e´servita per secoli alle popolazioni locali per commerciare con i mercanti Arabi.Mercanti di schiavi e questo avveniva secoli prima che il primo bianco mettesse piede nella regione.
Gli imperi Amerindi che contemplavano il sacrificio umano erano tutto tranne che pacifici.
In India da millenni esiste la differenziazione sociale basata sulle caste.

Il Giappone nei primi decenni del XX fu imperialista in Asia.

E gli esempi possono continuare avendo tutti una matrice commune:

-il mondo, i mondi prima della venuta dell´imperialismo bianco,(che si e´visto non dissimile da altri imperialismi), erano tutto tranne che l´Eden che una certa retorica ama dipingere.

Inoltre esempi di successo come i BRICS, la Malaysia, l´Indonesia, il fatto che negli ultimi quaranta anni circa un miliardo di persone sia uscito dalla poverta´ dovrebbero essere,anzi sono la prova provata che quando dei popoli lottano e pongono le condizioni per la propria crescita vi e´lo sviluppo e questo nonostante la mitologia complottista dell´imperialismo bianco che domina e distrugge tutto.

 Dalle modernizzazioni di Deng al progetto sociale di Lula gli esempi non mancano.

Quindi e senza negare le colpe e responsabilita´ storiche dell´imperialismo bianco, che non sono ne´ minori e ne´ maggiori di quelle di altri imperialismi, e´ bene uscire dalla "sindrome dei sensi di colpa" e che ognuno si prenda le proprie di responsabilita´ storiche.

Se dei paesi Mussulmani come la Turchia, la Malaysia o l´Indonesia sono esempi di successo "nonostante l´uomo bianco" non e´certo colpa dell´uomo bianco se non lo sono altri paesi Mussulmani.

L´aver evidenziato la vacuita´dei sensi di colpa occidentali cosi´cari ai Guru della Tuttologia Complottara ci porta a focalizzarci su uno dei due punti focali di questo articolo.

B.4-Il Terrore da **Teologia della Paura**

Il terrore come patologia sociale che ci avvita in un pessimismo illogico quanto irrazionale e´anche figlio del terrorismo. Anche e non solo.

Se siamo arrivati al punto di auto-annichilirci dicendoci che dal 1998 in media ogni 22 settimane si vive lo psico-dramma collettivo di una crisi epocale che altro non era che un "Rubicone geopolitico negativo" che ci avrebbe tolto il futuro.

Se siamo arrivati al punto che ci possiamo identificare anche rispondendo a questa domanda:

dimmi di cosa hai paura e ti diro´chi sei.

Se siamo qui...beh, e´il momento di fermarci e di riflettere perche´quello che sta´accadendo e´che vinceremo anche questo scontro contro il terrorismo ma certamente perderemo la battaglia socio-culturale contro il terrore.

E se questo accadra´la condizione del " **Noi Vs. Noi**",(ne parleremo al prossimo punto),davvero ci fara´scegliere tra i peggiori tra i futuri possibili.

Un terrore che si e´detto e´anche ma non solo conseguenza del terrorismo.

Su Reteconomy ne abbiamo parlato in una serie di puntate che evidenziavano il vuoto sia culturale che di prospettiva generato dalle 11 narrative che costituiscono la Teologie della Paura. Da almeno 40 anni esistono 11 diverse famiglie di argomenti,narrative che vengono cinicamente quanto spudoratamente usate da una elite politica e da un´intellighentia TUTTI-partisan per nascondere sia il vuoto delle loro idee che la loro legittimazione calante dietro ad una macelleria culturale che parla solo di paura.

Il risulatato finale e´quello di farci credere che ci sia stato rubato il futuro e che si finisca con il chiuderci in fantasie collettive su forme di passato che non esistono e che, sfortunatamente,finiscono col legittimare solo e soltanto le peggiori scelte tra i futuri possibili.

Ogni era finisce col crearsi un passato ad imagine e somiglianza sia di quello che vorrebbe essere e soprattutto,di quello che varra´essere.

I passati che ci immaginiano non solo non sono mai esistiti ma ci portano e dei futuri che sarebbe meglio evitare.

Il punto chiave e´sempre e solo il vuoto socio-culturale in cui viviamo come ha evidenziato Elisa Padoan nel corso di Buongiorno Economia:

http://www.reteconomy.it/programmi/regole-del-gioco/2015/gennaio/14-terrorismo/integrale.aspx .

Un vuoto socio-culturale che fa si che in molti abbraccino il fanatismo nelle varie forme in cui si manifesta per cercare un qualcosa che possa riempire le esistenze.

Non accade solo a chi decide di divenire un foreign fighter od a chi abbracci il fondamentalismo non religioso ed il parlarne e´la sintesi di tutto questo articolo.

B.5 - **Noi Vs. Noi**

"Noi"…"Loro".
"Loro"…"Noi".

Con un "Voi" nel mezzo che si erge come un muro. I muri,le fortezze hanno la peculiarita´di bloccare ed al contempo di bloccarci. Dietro la falsa illusione della sicurezza,(falsa perche´una fortezza per quanto potente possa essere finisce –prima o poi- col cedere a qualcuno),si nasconde la certezza che il muro ci delimita e finisce con il constringerci ad auto-delimitarci.

A chiuderci da soli in una fortezza immaginandoci circondati da orde di nemici.

L´Indice Mondiale della Felicita´si basa su 4 famiglie di variabili e tra queste quella relativa al nostro desiderio di essere in grado di decidere del nostro futuro. Ovvero il fatto di essere liberi di decidere del proprio futuro come elemento chiave per essere felici.
Fa pensare che su base mondiale questa famiglia di variabili abbia oramai da decenni un peso non superiore al 10%.
Ovvero a significare che il fatto di essere liberi di decidere sulla nostra vita sia ,di fatto, ininfulente sulla nostra felicita´. E quindi che il terrore stia vincendo... .
E´questa, quella contro il terrore che ci annichilisce, la sola ed unica guerra che stiamo combattendo e che dobbiamo vincere.

Ci ritroviamo ignoranti delle cose del mondo nei termini della sua comprensione.
Il potere non e´sapere ma comprendere e lo dimentichiamo arrogantemente arrocati dietro le mura di una superficiale iper-obesita´informativa che ci perde tra la vacua convinzione di poter comunicare usando solo 140 caratteri e la falsa sicurezza di un sapere nozionistico da enciclopedia online.

Stiamo perdendo la capacita´di comunicare pensieri ed emozioni complesse, ovvero incomunicabili con 140 caratteri con contorno di faccine che sorridono o piangono.
Vuoto culturale ... ovvero non la cultura come insieme di nozioni ma come comunicazione.

"Noi Vs. Noi"... ed e´questa la chiave.

Non parliamo di commando che si infiltrano nelle nostre citta´e poi colpiscono ma di "noi" che andiamo in giro per il mondo ad imparare ad uccidere altri "noi".
E quindi tornare per uccidere come unico modo per sentirci vivi!!!

Tragicamente suicida l´ uccidere "noi" per sentirsi vivi come "noi".

Cosa non funziona piu´nel nostro mondo per arrivare a questo?

Quando ci siamo persi per strada dato che e´certo che non e´ solo la religione intesa come fondamentalismo la risposta.

Come non lo e´il credere nella voglia di morte di altre forme di fondamentalismo,(eco-terrorismo ed altro),che nella distruzione danno un´illusione di vita.

E´tempo di non ascoltare piu´i falsi maestri...ma quali sono quelli buoni?

Quelli che partendo dalla complessa,e non complicata,problematicita´del reale non parlano ma dicono che esiste un ottimismo razionale che, a partire dai problemi,porta alle soluzioni.

Ovvero al futuro.

Fermiamoci e chiediamoci quale futuro vogliamo scegliere e nel farlo battiamo il terrore una volta per tutte!

Paolo Dealberti ©2015 (e´consentita la riproduzione integrale gratuita se non a fini commerciali ed a condizione di citare l´autore e la fonte con un hyperlink attivo)

(il testo di questo capitolo deriva da una trasmissione in **"Pulsazioni del Mondo/** *Business" ,* http://www.reteconomy.it/programmi/pulsazioni-del-mondo.aspx,*spin-off editoriale di "***Buongiorno Economia**" *condotta da Elisa Padoan sul canale nazionale Reteconomy SKY 516.* *Il Canale 516 contiene il ghota della programmazione nei vari canali SKY in Italia)*

Noi ...

Esiste un´Italia che negli ultimi 5 anni e´cresciuta del 21.3% mentre il resto dell´imprenditoria contraeva del 6.9%.

Un´Italia composta da almeno 630.000 imprese che generano l´8.3% del PIL nazionale dando lavoro,pagando le tasse,pagando contributi al sistema pensionistico ed al welfare e che si impegna a livello sociale e locale sponsorizzando una molteplicita´di iniziative.

Noi,quindi.
Eh si, NOI... ed un NOI che ofni 100€ prodotti in Italia ne gerna almeno 8.3.

Un "Noi" fatto di immigranti che sono Italiani,ovvero noi.

Un "sono" che diventa un siamo anche se e´assordante il silenzio con cui troppa vigliaccheria interessata solo alla macelleria mediatica dell´audience tace il tutto.

Un dato che passa inosservato ed e´un peccato.

Mentre giornalmente si aggiornano le statistiche con numeri sempre piu´ crescenti di immigrati illegali nessuno pensa a dire che almeno 630.000 persone sono a loro volta immigrate divenendo una risorsa per il paese.

Una risorsa?

Beh e per non tirarla tanto per le lunghe: immaginiamo che, in media,ad ognuno di loro corrisponda un altro posto di lavoro diretto e/o di indotto e siamo a 1.260.000 persone che hanno un futuro grazie a loro.

Persone... essere umani... noi.

Un noi che passa sotto silenzio e questo silenzio e´un urlo assordante che manca nella cacocfonia delle parole sull´Italia.

Un noi che ci racconta che sono stati capaci di creare ricchezza e benessere mentre altri chiudevano o si arrendevano.

E lo hanno fatto come "noi" per "noi".

E questo Noi ha tanti nomi, almeno 630.000 appunto ed oggi siamo qui par darne qualcuno.

Quello dei vincitori di un prestigioso premio indetto da MoneyGram,(il Moneygram Award 2015),che premia gli imprenditori immigrati cha hanno avuto maggior successo in Italia.

Immigrati... una parola che non useremo piu´dato che si tratta di persone **che sono parte di noi e come noi**.

E diamo un nome a questa elite´la cui esistenza deve farci rifelttere su cosa significhi in termini di arricchimento umano, prima ancora che materiale, la presenza nel "noi" di persone che vengono da altrove.

Lo daremo omettendo volutamente il paese di origine dato che sono Italiane ed Italiani a tutti gli effetti.

Sono parte di noi e questo esserlo se lo sono guadagnati con quello che hanno fatto.

Avrebbe senso citare le citta´o regioni di origine di un gruppo di Italiane ed Italiani che hanno vinto un premio cosi´prestigioso.No,non lo avrebbe e pertanto, per rispetto e ringraziamento a queste persone, non lo citeremo dato che essi sono Italiani,(ovvero noi...).

Abderrahim Naji ha vinto il MoneyGram Award 2015 per i risultati come imprenditore nel settore dello stampaggio di materie plastiche e della costruzione di stampi.

Il Premio per Crescita del Profitto,(piu´ del 1000 % ...),e´ andato a **Lenka Kosikova** designer ed imprenditrice nel settore della cristalleria d´haute gamme.

Quello per l´Occupazione e´ andato a **Damian Ranasinghe** che gestisce ristoranti.

La miglior perfomance relativamente per la Respnsabilita´ Sociale e´ andata a **Sihem Zrelli** per la gestione di case di cura per anziani.

Per l´Imprenditoria Giovanile e´andato all´imprenditirce **Evelyne Sarah Afaawua.**

Marco Wu ha vinto il Premio G2 per la distribuzione di vino in Italia e sul mercato Cinese.

Abderrahim, Lenka, Damian,Sihem,Evelyine,Marco... una elite´ma non un´ eccezione.

Pensando a loro ed a quello che fanno ma soprattutto a come lo fanno nei termini di dedizione, impegno e commitment etico viene la voglia di parafrasare il titolo di un famoso romanzo.

E questa volta dire **1, tanti, almeno 630.000 ...**

Grazie per essere NOI!

Un NOI che si coglie pienamente se,ad esempio, pensiamo ad una delle vincitrici:Lenka Kosikova.

Un persona che vivendo in Italia, ha sempre conservato l'amore per la cultura, la storia e la tradizione del proprio paese.
Al punto di saper concretizzare quest´amore facendo una professione.Lenka e´nata neella regione che osptia la tradizione della produzione del cristallo.
La sua sensibilita´le ha fatto cogliere che il valore di questa tradizione era sotto-stimanto in Italia facendo nascere la determinazione ad iniziare una nuova attività che potesse rappresentare un ponte ideale tra i valori legati al cristallo di Bohemia Ceco e l'Italia.
Da qui la scelta di aprire a Roma, otto anni fa, Kvetna 1794, azienda attiva nella distribuzione di cristalleria d'alta gamma ceca in Italia, nella produzione B2B, progetti Loyalty e Promotion.
Nel tempo si e´avut sia il posizionamento del marchio nel segemento high-end che le creazione di una propria rete vendita nazionale.
Indubbiamente un percorso non facile in un paese dove la burocrazia esprime un percorso ad ostacoli quotidiano.
Problematiche a cui si aggiungono quelle intrinseche al business come,ad esmpio,la logistica.
Ma questo non ha scoraggiato Lenka che col suo lavoro e´un esempio concreto di come i prodotti del mondo lifestyle,in questo caso quelli della lavorazione del cristallo haute gamme, siano cultura nel senso che possano evocare oltre due secoli di storia, cultura e tradizione.

Amore, passione,determinazione,voglia di mettersi in gioco...etica.

Essere sempre e comunque persone.

Sembrerebbe un film Americano ed invece e´una storia , una delle 630.000 storie di successo Italiane di Italiani da cui dobbiamo imparare qualcosa.

Anocra grazie Abderrahim,Lenka, Damian,Sihem,Evelyine, Marco per essere Italiani.

Note:

www.ingramcontent.com/pod-product-compliance
Lightning Source LLC
Chambersburg PA
CBHW060510290526
45791CB00001B/340